José Ortega y Gasset

Iberian and Latin American Studies: The Arts, Literature and Identity

Volume 13

Edited by Francis Lough
Emeritus Professor of Hispanic Studies, Department of Modern Languages, University of Birmingham

PETER LANG
Oxford · Berlin · Bruxelles · Chennai · Lausanne · New York

Vladimer Luarsabishvili (ed.)

José Ortega y Gasset

Individuo, nación y sociedad

PETER LANG
Oxford · Berlin · Bruxelles · Chennai · Lausanne · New York

Bibliographic Information published by the Deutsche Nationalbibliothek
The Deutsche Nationalbibliothek lists this publication in the Deutsche Nationalbibliografie; detailed bibliographic data is available in the internet at <http://dnb.d-nb.de>.

A catalogue record for this book is available from the British Library.

Library of Congress Cataloging-in-Publication Data
A CIP catalog record for this book has been applied for at the Library of Congress.

Names: 1 Luarsabishvili, Vladimer, ed.
Title: José Ortega y Gasset : individuo, nación y sociedad / Vladimer Luarsabishvili (ed.).
Description: Oxford ; New York : Peter Lang, 2025. | Series: Iberian and Latin American studies: the arts, literature, and identity, 1662-1794 ; vol no. 13 | Includes bibliographical references and index.
Identifiers: LCCN 2024057968 (print) | LCCN 202405 (ebook) | ISBN 9781803747965 (paperback) | ISBN 9781803747972 (ebook) | ISBN 9781803747989 (epub)
Subjects:
Classification: LCC PQ6627.R8 Z716 2025 (print) | LCC PQ6627.R8 (ebook) | DDC 196/.1--dc23/eng/20250118
LC record available at <https://lccn.loc.gov/2024057968>
LC ebook record available at <https://lccn.loc.gov/2024057969>

Cover image: José Ortega y Gasset en una entrevista en Hamburgo en 1953.

Cover design by Peter Lang Group AG

ISSN 1662-1794
ISBN 978-1-80374-796-5 (Print)
ISBN 978-1-80374-797-2 (E-PDF)
ISBN 978-1-80374-798-9 (E-PUB)
DOI 10.3726/b22384

Published by Peter Lang Ltd, Oxford, United Kingdom
info@peterlang.com – www.peterlang.com

This publication has been peer reviewed.

Índice

VLADIMER LUARSABISHVILI
Introducción. ¿Por qué Ortega hoy? 1

J. A. GARRIDO ARDILA
Prefacio. La filosofía de José Ortega y Gasset. Individuo, nación y sociedad 9

JOSÉ LASAGA MEDINA
Filosofía y vocación 15

ALEJANDRO DE HARO HONRUBIA
Modernidad y virtud en el joven Ortega 37

JUAN BAGUR TALTAVULL
Algunos apuntes sobre la tensión entre identidad individual e identidad nacional a la luz del pensamiento de Ortega 53

MARCOS ALONSO
La sociedad como realidad técnica. Reflexiones desde Ortega, Sloterdijk y Mumford 71

JESÚS M. DÍAZ ÁLVAREZ
Crisis de creencias y fundamentación. Gadamer, Ortega y nuestro tiempo 87

Sobre Los Autores 113

Index 117

Introducción. ¿Por qué Ortega hoy?

"Todo ensayo filosófico atiende, pues, dos instancias: lo que las cosas son y lo que se ha pensado sobre ellas. Esta colaboración de las meditaciones precedentes le sirve, cuando menos, para evitar todo error ya cometido y da a la sucesión de los sistemas un carácter progresivo", así explicaba Ortega la naturaleza del ensayo filosófico, destacando la importancia del tiempo y de la experiencia en su formación e interpretación (Ortega, 1955a: 12). Efectivamente, es una tarea bastante complicada definir las características constitutivas de las cosas dentro de la época concreta sin poder alejarse de ellas; y asimismo es difícil aproximarse al pasado, por la distancia que pervive con las ideas cultivadas e interpretadas con anterioridad.

Escribir una introducción para un volumen que estudia las ideas orteguianas sobre *individuo*, *nación* y *sociedad* es una tarea bastante difícil.[1] La vida de Ortega fue el claro ejemplo de las tres nociones estudiadas en este libro: la vida como vocación desde perspectivas metafísicas y éticas; la vida como modernidad filosófica y científica; y la vida como identidad, como revelación de la historicidad de la vida y la limitación de la razón. Todos los enfoques mencionados para la comprensión de la filosofía de Ortega y para su localización en nuestro mundo contemporáneo arrojan una nueva luz sobre los complejos planteamientos de la realidad y las múltiples posibilidades de su interpretación, lo que convierte al pensamiento del filósofo en un paradigma clásico de una metaciencia moderna.[2] Metaciencia que abandona las fronteras de las distintas disciplinas y posibilita la formación de aproximaciones transdisciplinares al ser humano, sus ideas y sus circunstancias. No en vano comparaba Ortega la obra del intelectual con la del político: "La obra intelectual aspira, con frecuencia en vano, a aclarar un poco las cosas, mientras que la del político suele, por el contrario, consistir en confundirlas más de lo que estaban" (Ortega, 1972: 26).

1 De gran interés es la conexión que hizo Ortega entre las nociones de *ciencia*, *liberalismo* e *individualismo*. Sobre el tema, entre otros, véase: López Sastre, 1997, 2020; De Haro Honrubia, 2018. Con respecto al *individualismo* en Ortega, véase López Sastre, 2021.

2 Marías (1993), López Sastre (2019) y Garrido Ardila (2021) indican que las ideas orteguianas no pierden su actualidad en nuestro tiempo.

No cabe duda de que la educación recibida desempeñó un papel decisivo en el pensamiento de Ortega. De especial importancia fueron los años transcurridos en tres ciudades alemanas, donde el filósofo español tuvo ocasión de descubrir las peculiaridades de la cultura académica germana, peculiaridades que más tarde fueron aprovechadas con éxito para cultivar un pensamiento filosófico hecho en español. La filosofía neokantiana de Hermann Cohen, Paul Natorp y George Simmel determinó la formación metafísica, ética, estética, pedagógica y política de los textos elaborados por Ortega durante diferentes períodos de su vida.[3] En la mayoría de los casos, es absolutamente imposible definir sus trabajos como pertenecientes a un ámbito único; la mayoría de ellos son escritos híbridos en los que se encuentran la comprensión ética, política o histórica de Ortega y representan un terreno fértil para el posterior desarrollo de ideas similares o diferentes. Esta peculiaridad convierte la filosofía de Ortega en una forma de pensamiento que lo sitúa entre los más destacados y peculiares filósofos europeos de su tiempo.

Además de filósofo, Ortega fue profesor. A pesar de que apenas ha sido contemplado como filósofo de la educación, muchos de sus textos describen y discuten la necesidad, las funciones y los objetivos de esta. A lo largo de su vida, y especialmente mientras impartía clases, Ortega consiguió crear una atmósfera en la que se ofrecía a los alumnos la posibilidad de sentir la fuerza de la filosofía, de cuestionar, de descubrir el placer de aprender. "La mejor comprobación que puede recibir una idea es que sirva para explicar, además de la regla, la excepción", indicaba Ortega (1955b: 137). En otro lugar decía: "el tono adecuado al filosofar no es la abrumadora seriedad de la vida, sino la alciónica jovalidad del deporte, del juego" (Ortega, 2009: 1148). Por eso no nos extraña que dejara una escuela que siguió desarrollando y discutiendo sus ideas, situándolas en diferentes contextos históricos y enriqueciéndolas con nuevos planteamientos y transformaciones intelectuales.[4]

3 Sobre el tema véase Zamora Bonilla, 2021.

4 Los estudios orteguianos no dejan de sorprendernos con nuevos descubrimientos que vinculan el sistema de Ortega con los desarrollos posteriores del pensamiento español tras la Guerra Civil. Tal es el caso de una reciente publicación sobre Javier Muguerza en la que se liga la figura de este filósofo con la cultura y herencia del exilio filosófico del 39 en general y del pensamiento del autor de *Meditaciones del Quijote* en particular (Díaz Álvarez, 2023).

Según Ortega, la pedagogía pertenece a los actos humanos que transforman la realidad existente. Compara la pedagogía con la física y señala que mientras la primera trata de definir las leyes de la naturaleza, la segunda anticipa la esencia del hombre y busca los instrumentos que deben formarlo según lo que debe ser. Basándose en las ideas de Johann Friedrich Herbart, considerado por Ortega como el primer educador que sistematizó las cuestiones básicas de la pedagogía, el pensador español relaciona la educación con la ciencia, concluyendo que la filosofía debe ser estudiada por los educadores, ya que la pedagogía es la reflexión filosófica sobre los problemas de la educación a través del pensamiento y los sentimientos. El hombre no es considerado por él como una mera criatura biológica ya que la fisiología es solo un pretexto para su existencia. Según Ortega, la ciencia, la moral y el arte son actos específicamente humanos; ser hombre significa participación en el desarrollo de las tres esferas mencionadas. A mayor participación, más humana nuestra existencia, pues un hombre aislado no puede ser hombre, señalaba Ortega haciendo referencias al pensamiento de Natorp y comparando a tal hombre con una abstracción. De ahí los principios básicos ofrecidos por Ortega: 1) profundización de la dimensión social de la educación; 2) comprensión del valor ético de la pedagogía social, y 3) necesidad de fundación de escuelas laicas.[5]

5 Me refiero a los textos de Ortega fechados entre 1906 y 1935: "La pedagogía del paisaje", en *El Imparcial* (Madrid), 17 de Septiembre (1906); "La pedagogía social como problema político" (1910), *La hora del maestro* (1913); *La pedagogía de la contaminación* (1917); *Biología y Pedagogía*: "El Quijote en la escuela" (1920), "Pedagogía y anacronismo" (1923), *Elogio de las virtudes de la mocedad* (1925); *Para los niños españoles* (1928); *Misión de la Universidad* (1930), *En el centenario de una Universidad* (1931); "Sobre el estudiar y el estudiante", en La Nación (Buenos Aires), 23 de abril; "Sobre las carreras", en La Nación (Buenos Aires), septiembre-octubre; "Prólogo a: Pedagogía general derivada del fin de la educación, por F. J. Herbart" (1935).

Ortega escribió mucho sobre cultura y ciencia, sobre la universidad.[6] Pero toda la perspectiva que iba formando y desarrollando giraba en torno a una cuestión existencial que le interesaba especialmente: el ser humano, sus ideas y sus circunstancias. "La vida humana es un proceso interno en que los hechos esenciales no caen desde fuera sobre el sujeto —individuo o pueblo—, sino que salen de éste, como de la semilla fruto o flor" (Ortega, 1955a: 24). Vivir para Ortega significaba llenar la vida, ocuparla, considerando la actitud filosófica una de las posibilidades con la que llenarla: "La vida es un repertorio o sistema de ocupaciones porque nos ha sido dada vacía y no hay otro remedio sino intentar llenarla, ocuparla. Una de estas ocupaciones que algunos hombres ejercitan es la filosofía" (Ortega, 1989: 128). Los diferentes contextos en los que Ortega trató esta cuestión poseían características distintas, pero la idea que estaba detrás era siempre la misma: descubrir las posibilidades humanas que pueden ayudarnos a realizar nuestros proyectos y deseos. Uno de esos contextos fue la orientación del individuo hacia sí mismo: "El hombre de hoy empieza a estar desorientado con respecto a sí mismo, *dépaysé*, está fuera de su país, arrojado a una circunstancia nueva que es como una tierra incógnita" (Ortega, 2006: 443).

Como filósofo, Ortega intentaba descubrir la *verdad*. Para él, la *verdad* era una cualidad vinculada a asuntos variados. Entre ellos, el *pensamiento* era probablemente el más importante. Para que el pensamiento de una época tenga éxito, Ortega consideró dos grandes enfoques: uno acepta las ideas ya cultivadas y continúa desarrollándolas; el otro entiende que las ideas pasadas deben ser reformadas urgentemente. El primer enfoque produce una época de *filosofía pacífica*, el segundo de *filosofía beligerante* (Ortega, 1955a: 12). El fenómeno del pensamiento, según Ortega, tiene "doble faz: por un lado nace como necesidad vital del individuo y está regido por la ley de la utilidad subjetiva; por otro lado consiste precisamente en una adecuación a las cosas

6 En cuanto a las ideas orteguianas sobre la educación, véase: García Morente, 1922; Maillo, 1955; Zaragüeta, 1955; Mantovani, 1962; Barrena Sánchez, 1971; Escolano, 1968; Morón Arroyo, 1968; McClintock, 1971; Vázquez Gómez, 1983; Bársena, 1983; Santolaria, 1983; Lledó, 1984; Rodríguez Huéscar, 1985; Gutiérrez Zuloaga, 1986; De Winter, 1992; Tabernero Del Río, 1993, 2009; Alejos, 1999; Casado, 2001; Almeida Amoedo, 2002; Zamora Bonilla, 2004, 2024; Castelló Meliá, 2010; Botanch Callén, 2015; Valiente, 2016; Cabrero Blasco, 2017; De Haro Honrubia, 2020; Guo, 2020.

y le impera la ley objetiva de la verdad" (Ortega, 1955a: 42). El *pensamiento* debe ser verdadero para reflejar las cosas tal como son. "Pensar es pensar la verdad", escribía Ortega (cómo no recordar aquí la reflexión de Miguel de Unamuno sobre la *razón* y la *verdad*). De igual modo reflexionaba Julián Marías al tratar las características que debe poseer un intelectual, centrándose, en particular, en la segunda condición que es observable en el caso de Ortega: "Y esta es la segunda condición del intelectual: intentar decir, ejercer presión sobre el contorno, actuar sobre él. Pero entiéndase bien: actuar intelectualmente; por tanto, intentar decir la *verdad*, y la verdad *justificada*" (Marías, 1968: 36). Estas palabras de Marías coronan todo el pensamiento orteguiano como una posibilidad de actuar y cambiar su contorno mediante la verdad. La verdad que no desaparece con el paso del tiempo y encuentra su lugar en los tiempos posteriores, transformándose en un instrumento útil para describir y comprender nuestra sociedad.

Ortega daba un importante papel a las generaciones en la formación del pensamiento. Y dentro de ellas señalaba la importancia de la ciencia y la vanidad de la política. Tiempo y anacronismo fueron dos vertientes importantes en su reflexión que determinaban no solamente un presente sino un futuro: "Nuestra generación, si no quiere quedar a espaldas de su propio destino, tiene que orientarse en los caracteres generales de la ciencia que hoy se hace, en vez de fijarse en la política del presente, que es toda ella anacrónica y mera resonancia de una sensibilidad fenecida. De lo que hoy se empieza a pensar depende lo que mañana se vivirá en las plazuelas" (Ortega, 1955a: 28–29). Desde nuestra perspectiva, podemos concluir que la generación de Ortega se orientó en la dirección mostrada por su maestro, convirtiendo la filosofía española en una estética intelectual de la más alta calidad, determinando su posterior desarrollo de acuerdo con los desafíos de nuestra modernidad.

Expreso aquí mi sincero agradecimiento a Juan Antonio Garrido Ardila, por escribir el prefacio de este libro, y a todos los colaboradores de las distintas universidades que participan en él. Todos me animaron con su amor a la filosofía en general y a las ideas de Ortega en particular. También estoy profundamente agradecido a mi familia por su paciencia en las horas que pasé preparando este volumen.

Vladimer Luarsabishvili
Tbilisi, agosto de 2024

Bibliografía

Alejos, C. (1999), "La pedagogía social de Ortega y Gasset y su perspectiva actual", en J. Laspalas (coord.), *Historia y teoría de la educación. Estudios en honor del profesor Emilio Redondo García*, Pamplona, Eunsa, pp. 41–57.

Almeida Amoedo, M. I. (2002), *José Ortega y Gasset: A Aventura filosófica da educaçao*, Lisboa, Impresa Nacional-Casa da Moeda.

Barrena Sánchez, J. (1971), "Los fines de la educación en José Ortega y Gasset", *Revista Española de Pedagogía*, 116, pp. 393–414.

Bársena, F. (1983), "La dimensión educativa del problema de la verdad en el pensamiento de José Ortega y Gasset", *Revista Española de Pedagogía*, 160, pp. 311–324.

Botanch Callén, J. L. (2015), "Elementos para una antropología filosófica de la educación en Ortega y Gasset", *Revista de Estudios Orteguianos*, 30, pp. 155–173.

Cabrero Blasco, E. (2017), "El krausismo y la Institución Libre de Enseñanza en la filosofía de la educación de Ortega y Gasset. La vocación como prolegómeno para reformar la sociedad", *Ápeiron. Estudios de Filosofía*, 7, pp. 67–78.

Casado, A. (2001), "Ortega y la educación: perfiles de una trayectoria", *Revista Española de Pedagogía*, LIX, 220, pp. 385–402.

Castelló Meliá, J. C. (2010), "Le experiencia de la lectura como pedagogía de la vida en Ortega", *Revista de Estudios Orteguianos*, 220, pp. 385–402.

De Haro Honrubia, A. (2018), "El liberalismo de Ortega como filosofía. Del neokantismo a la metafísica de la vida humana como realidad radical", *Alpha*, 47, pp. 191–209.

De Haro Honrubia, A. (2020), "Claves filosóficas de la pedagogía en la obra de Ortega", *Daimon. Revista Internacional de Filosofía*, 79, pp. 133–146.

De Winter, O. J. (1992), "Ortega y Gasset y el fin de la pedagogía", in C. Morón Arroyo (ed.), *Ortega y Gasset. Un humanista para nuestro tiempo*, Pennsilvania, Aldeeu Erie, pp. 69–84.

Díaz Álvarez, J. M. (2023), "Javier Muguerza, el exilio filosófico del 39 y el legado de Ortega", en Matei Chihaia, Jesús Guillermo Ferrer Ortega, Segio Pérez-Gatica, Niklas Schmich (eds.), *Caminos cruzados. Filosofía y literatura del exilio español en América Latina*, Madrid, Iberoamericana, pp. 219–235.

Escolano, A. (1968), "Los temas educativos en la obra de J. Ortega y Gasset", *Revista Española de Pedagogía*, 103, pp. 211–230.

García Morente, M. (1922), "La pedagogía de Ortega y Gasset", *Revista de Pedagogía*, II–III, pp. 41–47, 95–101.

Garrido Ardila, J. A. (2021), "Ortega y Gasset and the twenty-first-century theories of civil society", en Vladimer Luarsabishvili (ed.), *Rethinking Society. Individuals, Culture and Migration. v. 1. Individuals and Society*, Tbilisi, New Vision University Press, pp. 42–56.

Guo, Y. (2020), "El pensamiento pedagógico de José Ortega y Gasset y su proyecto educativo para España (1905–1938)", *Revista de estudios Orteguianos*, 40, pp. 121–126.

Gutiérrez Zuloaga, I. (1986), "La pedagogía universitaria según Ortega y Gasset", in Gutiérrez Zuloaga, I. (ed.), *Homenaje a José Ortega y Gasset (1883–1983)*, Madrid, Universidad Complutense, pp. 23–42.

Lledó, E. (1984), "La "Misión de la Universidad" de Ortega, entre las reformas alemanas y nuestra Universidad", *Sistema*, 59, pp. 7–18.

López Sastre, G. (1997), "La modernidad liberal de Ortega en el tema de la constitución de la persona", en Domínguez, Atilano, Muñoz, Jacobo, y Salas, Jaime de (Coords.): *El primado de la vida (Cultura, estética y política en Ortega y Gasset)*, Cuenca, Ediciones de la Universidad de Castilla-La Mancha, pp. 41–51.

López Sastre, G. (2019), "La actualidad del pensamiento de Ortega y Gasset. ¿Qué nos cabe reivindicar?", *Kultura i Wartości*, 28, pp. 255–275.

López Sastre, G. (2020), "Nations and Memory: The Importance of the Future and Acting as if What Really Happened Had Not Happened", en Vladimer Luarsabishvili (ed.), *Out of the Prison of Memory. Nations and Future*, Tbilisi, New Vision University Press, pp. 31–53.

López Sastre, G. (2021), "Individuality in the Philosophy of José Ortega y Gasset", en Vladimer Luarsabishvili (ed.), *Rethinking Society. Individuals, Culture and Migration. v. 1. Individuals and Society*, Tbilisi, New Vision University Press, pp. 57–79.

Maillo, A. (1955), "Las ideas pedagógicas de Ortega y Gasset", *Revista de Educación*, pp. 71–78.

Mantovani, J. (1962), "La pedagogía de Ortega y Gasset", *Filósofos y educadores*, pp. 55–74.

Marías, J. (1968), *El intelectual y su mundo*, Madrid, Espasa-Calpe.

Marías, J. (1993), "Postdata en 1993", en José Ortega y Gasset, *La rebelión de las masas*, Madrid, Espasa-Calpe, pp. 31–36.

McClintock, R. M. (1971), *Man and His Circumstances: Ortega as Educator*, New York, Columbia University Press.

Morón Arroyo, C. (1968), *El sistema de Ortega y Gasset*, Madrid, Ediciones Alcalá.

Ortega y Gasset, J. (1955a), *El tema de nuestro tiempo*, Madrid, Espasa-Calpe.

Ortega y Gasset, J. (1955b), *España invertebrada*, Madrid, Revista de Occidente.

Ortega y Gasset, J. (1972), *La rebelión de las masas*, Madrid, Espasa-Calpe.

Ortega y Gasset, J. (1989), "Medio siglo de filosofía", en José Ortega y Gasset, *Origen y epílogo de la filosofía y otros ensayos de la filosofía*, Madrid, Alianza, pp. 127–144.

Ortega y Gasset, J. (2006), *Obras completas. Tomo VI - 1941/1955*, Madrid, Taurus.

Ortega y Gasset, J. (2009), *Obras completas. Tomo IX - 1933/1948*, Madrid, Taurus.

Rodríguez Huéscar, A. (1985), "Dimensiones de la acción educativa de Ortega", *Diálogos. Revista del Departamento de Filosofía de la Universidad de Puerto Rico*, año XX, pp. 121–139.

Santolaria, F. F. (1983), "Tres ensayos pedagógicos de Ortega", *Perspectivas pedagógicas*, 51, pp. 501–510.

Tabernero del Río, S. (1993), *Filosofía y educación en Ortega y Gasset*, Salamanca, Editorial de la Universidad de Salamanca.

Tabernero del Río, S. (2009), "Libertad, razón y educación en J. Ortega y Gasset", *Foro de Educación*, 7, 11, pp. 85–101.

Valiente, G. (2016), "La pedagogía social de Ortega y Gasset (1902–1914): una concepción comunitaria de la educación", *Tiempo y Sociedad*, 22, pp. 169–192.

Vázquez Gómez, G. (1983), "Perspectiva orteguiana de la pedagogía", *Teorema. Revista Internacional de Filosofía*, 13, 3/4, pp. 523–542.

Zamora Bonilla, J. (2004), "El sentido humanista de la Universidad. Comentario a un texto de 1930: *Misión de la Universidad*, de José Ortega y Gasset", en Bermejo Castrillo, M. Á. (ed.), *Manuales y textos de enseñanza en la Universidad liberal. VII Congreso Internacional sobre la Historia de la Universidades Hispánicas*, Madrid, Instituto Antonio de Nebrija de la Universidad Carlos III, pp. 729–750.

Zamora Bonilla, J. (2021), "El impacto de Ortega. La percepción de sus discípulos y colaboradores", *Anales del Seminario de Historia de la Filosofía*, 38 (3), pp. 217–513.

Zamora Bonilla, J. (2024), "Unas notas sobre la pedagogía de Ortega y Gasset", *Daimon. Revista Internacional de Filosofía*, 91, pp. 7–21.

Zaragüeta, J. (1955), "El pensamiento pedagógico de José Ortega y Gasset", *Revista de Educación*, 38, pp. 65–70.

J. A. GARRIDO ARDILA

Prefacio. La filosofía de José Ortega y Gasset. Individuo, nación y sociedad

Al contrario de lo que se viene afirmando desde hace, al menos, un par de siglos, la historia de la filosofía española no se instaló en un erial donde apenas brotaron una o dos flores de cierto colorido. Antes bien, desde los tiempos de la ocupación romana, España dio al mundo pensadores de la talla y la influencia de Séneca en la Antigüedad, san Isidoro de Sevilla en el Medievo y el nutrido grupo que conforma la escuela de Salamanca en el Renacimiento, entre los que podemos destacar a Francisco de Vitoria, Juan de Mariana y Luis de Molina. Después de ellos, el impulso de la Ilustración llevó a la filosofía europea en el siglo XIX a pulir sus contornos. Durante la extensión toda de aquel *largo* siglo XIX, según tan certeramente lo llamase Ilya Ehrenburg, la filosofía europea creció y maduró al paso marcado por gentes como Johann Gottlieb Fichte, Georg Hegel, Arthur Schopenhauer y Friedrich Nietzsche en Alemania, Jeremy Bentham, John Stuart Mill y Herbert Spencer en Inglaterra, o Auguste Comte e Hippolyte Taine en Francia. Quizá no fuese aquella centuria la más florida de la historia de la filosofía en España, mas el devenir de los acontecimientos sociales y políticos otorgó a la filosofía una importancia de primer orden en la vida española. Fue así que los esfuerzos de España en seguir las tendencias de otras naciones europeas alentaron tanto el cultivo de la historiología como la creación literaria. La llamada Edad de Plata de la literatura española, según la bautizase José-Carlos Mainer, comenzó de la mano de dos filósofos singulares —Miguel de Unamuno y Ángel Ganivet— absortos en la comprensión de España y de su historia, del ser de España y de los españoles. La temática no era nueva. Al contrario, ya la habían trillado unos años antes, y con numerosos antecedentes, otros como Ricardo Macías Picavea, Joaquín Costa o Lucas Mallada. Mas los jóvenes Unamuno y Ganivet pertenecían a una generación que partía de concepciones nuevas. *En torno al casticismo* y el *Idearium español* poseen un nervio y un brío intelectual singulares. En otro lugar califiqué esos dos ensayos —además de *El porvenir de España*, fruto de un cruce de artículos entre Unamuno y Ganivet— de obras *fundacionales* de aquella generación marcada por el desastre del Noventayocho (Garrido Ardila, 2007).

Nacido en 1883, José Ortega y Gasset aún era un niño cuando Unamuno y Ganivet publicaron *En torno al casticismo* y el *Idearium español* y en los años por los que Macías Picavea y Costa dieron a luz lo más granado de su pensamiento. Algunos historiadores incluyen a Ortega en aquella generación del 98, junto a Unamuno y Ganivet; otros, los más, lo insertan en la generación de 1914 con Manuel García Lorente, Eugenio D'Ors, Gregorio Marañón y demás lumbreras. Ortega forjó su pensamiento cuando pensadores tales que Unamuno, Ganivet, Ramiro de Maeztu o Pío Baroja ya habían madurado el suyo. Aun así, el joven Ortega brilló y deslumbró desde muy temprano. Lo cierto es que la disección unamuniana del casticismo y la exposición ensayada por Ganivet de lo español encogen tras la lectura de *España invertebrada*, obra en la que Ortega trasciende el victimismo patrio de los regeneracionistas y plantea el problema de la decadencia de España en términos netamente históricos, al margen de abstracciones teológicas y de observaciones anecdóticas. Unamuno y Ganivet sopesaban el presente de aquella España en estado de *marasmo* (según la expresión del primero) remontándose al pasado y reclamando el valor actual de ese pasado. Ortega, al contrario, reconoce el efecto de la historia, mas siempre alarga la mirada y los argumentos al futuro. Por esa razón, discurriendo sobre la trayectoria del regeneracionismo, a *España invertebrada* he calificado de "tesis nueva [...] con la que [Ortega] aspira a depurar y redondear las teorías de quienes le precedieron" (Garrido Ardila, 2014a: 583).

Ortega se hizo intelectual en aquella España de intelectuales consternados por la decadencia social y política del país. A diferencia de muchos de sus coetáneos, él desarrolló un recio sistema filosófico. No es ese el caso de Unamuno: en su primer ensayo filosófico de cierta extensión, *Del sentimiento trágico de la vida en los hombres y en los pueblos*, de 1913, reflexiona sobre cuestiones varias sin abordarlas metódicamente. Diecinueve años más joven que Unamuno, Ortega publica su primer libro en 1914, apenas unos meses después de la salida de *Del Sentimiento trágico*: un ensayo de título *Meditaciones del Quijote* en el cual escribe sobre muchos más asuntos que la novela cervantina y en el que proclama la que después sería la más famosa de sus sentencias: que "yo soy yo y mi circunstancia, y si no la salvo a ella no me salvo yo" (1969: 30). Unamuno expresa y explica *un sentimiento*; Ortega *medita* sobre el yo que siente. Esas meditaciones se gestaban en aquel tiempo de filosofías renovadas. Unamuno reaccionó contra el positivismo componiendo novelas de calado filosófico. Ortega dio respuesta a la crisis (filosófica) de fin de siglo enhebrando una recia teoría filosófica. Su *yo* en su *circunstancia* daría después en la mayor aportación española a la filosofía desde los tiempos de la escuela de Salamanca: la razón vital. Con ella resuelve Ortega la dicotomía idealismo-realismo. Muy especialmente, la razón vital sitúa al ser humano y su experiencia de vivir en el centro del debate filosófico. De tal modo, el Ortega filósofo se convierte en ese gran intelectual que conoce, mejor que nadie en su tiempo, el lugar del individuo en su sociedad.

Es unánime entre los especialistas el parecer de que Ortega coronó las cimas de la filosofía gestada a lo largo de la historia de España. Y si cotejamos su obra con la de Séneca, la de san Isidoro, la de Vitoria y otros salmanticenses, o la de Unamuno y Ganivet, el pensamiento de Ortega relumbra aún hoy especialmente por su actualidad, por su mucha actualidad. En 1993, su discípulo Julián Marías estampaba a la edición de Austral de *La rebelión de las masas* un opúsculo en que se congratulaba de que aquel libro "por algún extraño fenómeno, va pareciendo más verdadero, más fiel a la realidad, a medida que pasa el tiempo" (2005: 19). Algunos años más tarde la misma colección Austral sacaba edición de *España invertebrada* en cuyo estudio preliminar, a cargo de Federico Trillo-Figueroa, se ensalzaba la presciencia que Ortega demostraba en ella.

Y, ciertamente, en aquellos aciagos años que llevan desde el fatídico Noventayocho hasta la guerra civil española y la Segunda Guerra Mundial, Ortega explanó la realidad de la sociedad y de la política como ningún otro filósofo poniendo esas realidades en las perspectivas de la historia y de la condición humana. Las obras de Ortega poseen aún hoy sobrada relevancia porque nos explican nuestra sociedad contemporánea. Ortega no escribió para el lector de hace cien años sobre la España de aquel entonces. Escribe, describe y analiza con perspicacia extraordinaria aquellos fenómenos en cuanto producto de las derivas de la historia y de la prestancia y las debilidades del ser humano. Como bien decía Marías, escuchando a Ortega entendemos la España de la última década del siglo XX, y según argumenta Trigo en Ortega hallamos el más nítido diagnóstico de la España del XXI. En su magistral ensayo *Élites y masas*, Alejandro De Haro (2022) traza con excepcional clarividencia los antecedentes de la teoría orteguiana del hombre masa. De otra parte, localicéel origen del concepto hombre masa en *Un enemigo del pueblo* de Ibsen, lo cual presenta a Ortega como un intelectual fecundado tanto por los luceros del pensamiento que le antecedió como por el polen de las ideas (Garrido Ardila, 2014: 29–34). Mas esa presciencia suya no se limita a otear los horizontes de la historia política española, sino que en textos como *España invertebrada* y *La rebelión de las masas* articula teorías que preceden las de los más influyentes politólogos del siglo XXI. Quizá por eso ha fascinado a caletres tan ilustres como Thomas Mann, T. S. Eliot, Valery Larbaud, George Orwell, John Dos Passos y Mario Vargas Llosa, según nos recuerda Jordi Gracia (2014: 19). Mas la valencia de la producción ensayística de Ortega ha de medirse y juzgarse primeramente al contraste con los filósofos de generaciones posteriores. No solamente los españoles. No hace mucho he destacado cómo en *España invertebrada* y en *La rebelión de las masas* se contienen ya maduros conceptos como la *political decay* de Samuel Huntington, desarrollado después por Francis Fukuyama, y la teorización de los populismos según Bernard-Henry Levy, Carolin Emcke, Francis Fukuyama y David Runciman (Garrido Ardila, 2021). Esto es, que conceptos como el hombre masa o el particularismo no se nos presentan apenas como teoremas para la descripción de la España en ciernes de su Guerra Civil o de la Europa encarrilada a la Segunda Guerra Mundial, sino que nos desgranan asimismo las razones de la radicalización de la política de Occidente de los años noventa a esta parte. "A medida que pasa el tiempo", como bien escribía Marías, el pensamiento de Ortega va siendo "más fiel a la realidad".

El diagnóstico y el estudio que Ortega acometió de los fenómenos bullentes en la sociedad y rectores de la política interesan hoy y siempre no solo por su carácter clarividente y universal, sino así también por la arrolladora sinceridad con que los expuso. Ha escrito el más reciente de sus biógrafos que "cuando Ortega lamenta algo lo lamenta sin titubeos, cuando se deprime se deprime con fuerza, con la frescura paradójica de un desarreglo que se combate nombrándolo hacienda palabras" (Gracia, 2014: 643). La prosa de Ortega exulta "fuerza" y "frescura", cautiva al lector, lo seduce, lo extasía casi. Ese escribir impetuoso respondía al impetuoso vivir suyo. Siempre en la vanguardia, siempre presto y dispuesto a prestar un servicio a su sociedad. Por ejemplo, al fundar en 1913 la Liga de Educación Política o en 1931 la Agrupación al Servicio de la República con Marañón y Ramón Pérez de Ayala. Ortega fue, y así lo he llamado, "cabeza visible de la filosofía española contemporánea" (Garrido Ardila, 2018: 393), mas quiso ser más: quiso ser un intelectual completo, no solamente un filósofo, sino un filósofo comprometido con su tiempo y con su sociedad. Así lo confiesa en *La rebelión de las masas*, donde se declara "intelectual" (2005: 60), asumiendo una "misión" (2005: 60) y afirmando su "obligación de trabajar sobre las cuestiones del tiempo" (2005: 61).

Todo ello explica el atractivo de Ortega para los estudiosos de la filosofía, y por todo ello cumple congratularse por la elaboración y la publicación de trabajos como este volumen coordinado por el ilustre hispanista Vladimer Luarsabishvili. Los capítulos que integran este libro acometen una lectura de la obra de Ortega en clave actual: lo perene de su enjundia y su directa aplicación al momento presente. José Lasaga Medina trata en su capítulo, de título "Filosofía y vocación", el modo en que la filosofía orteguiana parte de la premisa de que la realidad ha de entenderse en función de las experiencias vitales de cada cual. Lasaga Medina analiza el subjetivismo del individuo en la comprensión de las realidades y su prevalencia en la experiencia de vivir. En el capítulo "Modernidad y virtud en el joven Ortega", Alejandro De Haro Honrubia pondera las primeras tesis de nuestro filósofo sobre la virtud. En el tiempo del cientificismo, Ortega observó semejanzas entre las matemáticas y la filosofía para conceder a este último rango de ciencia positiva. Explica De Haro cómo Ortega concluirá que, si la filosofía es una ciencia, entonces la virtud en cuanto objeto de estudio de la filosofía habrá de tenerse por parte de la ciencia. Ofrece Juan Bagur Taltavull "Algunos apuntes sobre la tensión entre identidad individual e identidad nacional a la luz del pensamiento de Ortega" que demuestran la antedicha relevancia de Ortega en la sociedad y la política del siglo XXI. En estos tiempos nuestros en que tanto se debate sobre la identidad nacional y las naciones, Bagur Taltavull distingue en Ortega tres dualidades fundamentales para entenderlas: razón-emoción, proyecto-tradición e individuo-identidad. En la disección de estas, según se lee en las obras de Ortega, distingue Bagur Taltavull el historicismo y la razón como básculas de las identidades nacionales. Marcos Alonso escribe sobre "La sociedad como realidad técnica desde Ortega y Gasset" poniendo de relieve la concepción que Ortega mantuvo de la sociedad. El quid de la sociología orteguiana, nos descubre Alonso, estriba en distinguirla de las comunidades animales por su carácter técnico. En el último capítulo, "Crisis de creencias y fundamentación. Gadamer, Ortega y nuestro tiempo", Jesús Díaz Álvarez acomete la actual crisis que sufre Occidente a la luz de las enseñanzas extraíbles de las obras de Ortega. Una lectura de Ortega y Gadamer le permite decantarse por la interpretación antifundacionalista del momento presente.

Los cinco capítulos que integran este volumen dan fe de lo aquí expuesto: que la filosofía de José Ortega y Gasset nos permite acometer, debatir y comprender certeramente las realidades de la sociedad actual. Como dijese Marías, los ensayos de Ortega siempre son actuales, cada vez más, si cabe.

Bibliografía

De Haro Honrubia, A. (2022), *Élites y masas. Filosofía y política en la obra de José Ortega y Gasset*, Madrid, Biblioteca Nueva.

Garrido Ardila, J. A. (2007), *Etnografía y politología del 98*, Madrid, Biblioteca Nueva.

Garrido Ardila, J. A. (2018), "José Ortega y Gasset", en *Sus nombres son leyenda. Españoles que cambiaron la historia*, Madrid, Espasa, pp. 383–401.

Garrido Ardila, J. A. (2014a), "José Ortega y Gasset", en *Textos del Desastre. La última gran crisis (1898)*, Madrid, Castalia, pp. 583–621.

Garrido Ardila, J. A. (2014b), "Introducción", en Henrik Ibsen, *Un enemigo del pueblo*, Madrid, Alianza, pp. 9–34.

Garrido Ardila, J. A. (2021), "Ortega y Gasset and the Twenty-First-Century Theories of Civil Society", en *Rethinking Society: Individuals, Culture and Migration*, (ed.) Vladimer Luarsabishvili, Tbilisi, New Vision University Press, pp. 42–56.

Gracia, J. (2014), *José Ortega y Gasset*, Madrid, Taurus.

Marías, J. (2005), "Postdata de 1993", en José Ortega y Gasset, *La rebelión de las masas*, Madrid, Espasa.

Ortega y Gasset, J. (1969), *Meditaciones del Quijote* y *Sobre la novela*, Madrid, Espasa-Calpe.

Ortega y Gasset, J. (2005), *La rebelión de las masas*, Madrid, Espasa.

Trillo-Figueroa, F. (2005), "Introducción", en José Ortega y Gasset, *España invertebrada*, Madrid, Espasa-Calpe.

JOSÉ LASAGA MEDINA

Filosofía y vocación[1]

I

¿Qué realidad subyace a ese algo de nuestra vida que designa el término "vocación"? Sin duda, hay que situarla en el horizonte de una antropología filosófica sin espíritu o si se prefiere, sin sujeto.

Las posibles respuestas a la pregunta qué es el hombre, tienen entonces que asumir que no sirve ninguno de los recursos teóricos que el platonismo ha promovido a lo largo de la historia occidental, en especial el recurso a un alma, sede del conocimiento. Tampoco a sus hipóstasis tales como "razón" o "espíritu" en cualquiera de las acepciones que dichos términos han tenido en la filosofía moderna desde el *cogito* y el sujeto trascendental kantiano.

Más allá del platonismo, solo hay dos caminos que la filosofía occidental ha tenido que explorar para no seguir haciendo trampas con la categoría de sujeto.

1. Pensar en serio la identidad animal subyacente a lo humano, que siempre estaba ahí, es verdad, pero maquillada religiosamente o "explicada" científicamente o sublimada, etc.

1 Precedentes de este ensayo: el más remoto se encuentra en el capítulo 7 de mi libro *Figuras de la vida buena* (2006). Después publiqué dos artículos desarrollando la doctrina de la vocación como ingrediente fundamental de la vida humana, pero analizándolo como elemento clave para una teoría de la biografía: "El yo-vocación: un personaje sin autor" y "Notas para una teoría de la biografía en Ortega". Hay un texto inédito: "Píndaro y el dandy: dos asedios al concepto de vocación". El presente artículo fue publicado en *Stoa* Vol. 11, n.° 22, 2020.

2. Aceptar que nuestro yo es una construcción histórica y social que depende, en última instancia, del lenguaje y de las elaboraciones culturales que la humanidad ha ido segregando, cuyo origen remoto está en el mito y en cualesquiera otras formas de memoria social.

El yo-proyecto-vocación, el ingrediente que junto con la circunstancia o mundo forma parte de la realidad radical que es "mi vida", es la respuesta de Ortega al problema de la identidad humana, a ese sí mismo que parece estar presente en todos los actos de nuestra vida, a veces, solo, la mayor parte del tiempo en compañía del otro o rodeado de la "gente". La pregunta metafísica por el sujeto carece de sentido en una filosofía que concibe la realidad última como un fluir de acontecimientos que tienen un comienzo y un fin inaprensibles, misteriosos, absurdos (sin sentido), como son el nacimiento y la muerte: este, una leyenda que me cuentan; aquella, una caída de telón que no llego a vislumbrar. Pero sí tiene sentido preguntar quién es ese sí mismo que habita su vida. Y a esa pregunta responde Ortega con su teoría del yo-vocación.

2

Hay que reconocer que hay muchas descripciones de la estructura de la vida humana como realidad radical y de sus categorías. No siempre son coincidentes, fueron escritas con cierto toque de improvisación y acaso no estén bien argumentadas. Es una de las insuficiencias del ensayismo —o no suficiente sistematismo— de Ortega. Sin embargo, dejó en sus análisis ideas y argumentos como para reconstruir un modelo de esa complejísima realidad que es "mi vida". En su esquemática estructura de yo/circunstancia o mundo, aquella contiene todo cuanto hay, en el sentido de que cualquier cosa que uno pueda pensar o representarse, aparece necesariamente como una realidad radicada en la realidad radical (e insustancial) que es el acontecimiento de mi vivir: "La vida, que es siempre de alguien, es para ese alguien lo absoluto. Todo lo demás que existe llega al través de su vida, dentro de su vida" (IV, 302).

De ahí la conveniencia de distinguir los planos de realidad que podemos establecer en cada uno de los ingredientes de nuestra vida.

Respecto de la circunstancia, Ortega distingue en varios lugares, pero especialmente en "Ideas y creencias" tres planos:

- El plano de la cultura formada por lo que llama ahora Ortega "mundos interiores". Estos mundos interiores se componen de ideas, en el sentido de "ocurrencias" o "representaciones". No están en el mundo sino en la cabeza de las gentes.
- El plano de las creencias, suelo de nuestra vida, desde el que actuamos y que es a lo que llamamos convencionalmente "realidad"; están en el mundo bajo la forma de usos sociales e interpretaciones inconscientes que funcionan *como* si fueran la realidad misma.
- Y por debajo un plano al que llama Ortega de "realidad enigmática", esto es, de cosas o "algos" antes de toda interpretación. A este plano lo denomina "circunstancia desnuda"[2].

En lo que respecta al yo, el otro polo de realidad al que Ortega se refirió en un texto primerizo como "fondo insobornable"[3] pero que a partir de *¿Qué es filosofía?* llama proyecto de vida o "vocación", también hay que distinguir tres aspectos o dimensiones. Según Rodríguez Huéscar:

> 1) El proyecto en que se está ya al encontrarse uno viviendo, el cual no es 'nuestro' en ningún sentido, pues ni yo lo he hecho o 'inventado', ni me constituye (...), sino que he sido alojado en él por otros (mis padres, educadores, la sociedad, etc.); 2) el proyecto que yo forjo, invento o elijo: el proyecto que se hace; y 3) el 'proyecto' que se es y que podemos nombrar de diversos modos: destino personal, vocación, 'fondo insobornable', misión individual, etc.[4].

2 Por ejemplo, véase *En torno a Galileo*: "circunstancia desnuda, compuesta de puros y desazonadores enigmas..." (VI, 416). Todas las citas se dan por *Obras completas*, 2004–2010, correspondiendo el romano al volumen y el árabe a la página.

3 Lo caracteriza como un "yo profundo", contrapuesto a un yo convencional, fruto de la educación. Véase II, 216 y 224 y ss.

4 *La innovación metafísica de Ortega*, Madrid, Publicaciones del Ministerio de Educación y Ciencia, 1982, p. 171.

En lo que sigue nos vamos a interesar, exclusivamente, por ese "proyecto que se es" o que me constituye, y que, por definición, está situado más allá de mi voluntad y deseos.

3

En 1932, año en que Ortega abandona la política y vuelve a la filosofía, redacta uno de los ensayos más complejos y decisivos de su obra. Como siempre, fue un texto *de circunstancias*, escrito bajo la presión del tiempo, pues la revista alemana, *Die neue Rundschau* que se lo había pedido necesitaba sacar el número en la fecha del centenario de Goethe. Hablamos claro está de "Pidiendo un Goethe desde dentro".

José Ortega comenzaba su carta al editor alemán de la *Die neue Rundschau*, que le invitaba a participar en el homenaje a Goethe, espetándole que "no estamos para centenarios". Reflexionar sobre la presencia del clásico que cumple cien años está bien, a condición de situarlo en nuestro presente: la crisis europea, crisis de nuevo formato. Por primera vez en los tres últimos siglos no lo era de crecimiento. Las sombras no venían del futuro; el europeo "desespera precisamente del pretérito". Goethe debía ser convocado ante un tribunal de náufragos. La metáfora de la vida como naufragio y la cultura como esfuerzo natatorio aparece por primera vez aquí.

¿Cómo acercar a Goethe a la circunstancia del naufragio europeo caracterizado poco antes como inducido por la "rebelión de las masas", es decir, por el fracaso de las minorías? Ortega nos da la pista en el título de su ensayo: reparemos en lo que significa ese "desde dentro". Nada sustancial de su yo, una especie de dedo índice que señala una dirección a nuestra atención: miremos no el dentro de un hombre, que nos conduciría a sus entrañas simbólicas, a su corazón, alma o carácter, en resumen, a sus vivencias restauradas, sino al interior de una vida, un yo y su mundo; no el interior de un ente sino el de un drama, no el dentro de una cosa sino de un acontecimiento, "no el dentro de Goethe sino el dentro de su vida, del drama de Goethe", donde "vida" significa concretamente "... la inexorable forzosidad de realizar el proyecto de existencia que cada cual es" (V, 125).

A mi juicio, una de las dificultades mayores para comprender la metafísica orteguiana reside en el error en que se cae al confundir su vida con el hombre que la habita, en este caso la vida de Goethe con el hombre "Goethe". Su vida es algo que hizo no un hombre sino un yo en una circunstancia.

Insistiré: "Hombre" es el término que designa una entidad biológica, un animal perfectamente identificado por las taxonomías al uso, un miembro de una especie, cuya esencia general viene dada por tales o cuales características. Mientras que una vida es una unicidad irrepetible, articulada en un yo y el mundo que habita. Del yo hay biografía; del "hombre" biología de su cuerpo y psicología de su "alma". En un texto posterior, en su ensayo biográfico sobre Vives, describe Ortega la vida humana como "un drama, porque de lo que se trata en toda humana existencia es de cómo un ente que llamamos *yo* que es nuestra individual persona y que consiste en que se hace proyectos para ser, de aspiraciones, en un programa de vida —acaso siempre imposible— pugna por realizarse en un elemento extraño a él, en lo que llamo la circunstancia" (IX, 511).

De lo dicho se sigue que el yo no es el hombre. Lo reitera en otros lugares. En el *Goethe* le advierte a su corresponsal: "Ese yo que es usted (...) no consiste en su cuerpo, pero tampoco en su alma, conciencia o carácter. Usted —le dice Ortega a su interlocutor alemán—se ha encontrado con un cuerpo, con un alma, con un carácter determinados" (V, 124).

Cuerpo y alma forman parte de la circunstancia, entendida formalmente como el sistema de facilidades y dificultades que encuentra ante sí un yo para hacer su vida. De ahí que, para trasmitir a su lector esta difícil idea que propone del yo personal, insista Ortega en subrayar que el "sí mismo" no consiste en ninguna de las facultades intelectuales con que la tradición suele identificarlo: la razón o la voluntad. Estas son potencias psicológicas de las que se sirve el yo para llevar a cabo el proyecto que es.

> Este proyecto en que consiste el yo no es una idea o plan ideado por el hombre y libremente elegido. Es anterior, en el sentido de independiente, a todas las ideas que su inteligencia forme, a todas las decisiones de su voluntad. Más aún, de ordinario no tenemos de él sino un vago conocimiento. Sin embargo, es nuestro auténtico *ser*, es nuestro destino (...) somos indeleblemente ese único personaje programático que necesita realizarse. (V, 125)

¿Qué *proyecto* es ese? Aquí comienzan las dificultades en torno a uno de los conceptos más escurridizos de la filosofía orteguiana.

1.º) Si soy un proyecto es que no soy todavía, al menos no plenamente, con la consabida identidad que nos presta el sentido común. Quizá no sea tan evidente que nuestro yo, el de cada cual, es único, idéntico y transparente. Cada uno de nosotros tiene una identidad, por supuesto, pero es posible que no se entregue ni a la introspección ni a las categorías de la tradición racionalista, incluidas las de la ciencia natural, pensadas para plasmar meras cosas. Pero nuestra vida no es cosa, sino acontecimiento, un ahora que viene de y va hacia, un instante presente que bascula entre un *ya no* y un *todavía no*. Tendríamos que decir, más bien, que no existo sino en tanto que me esfuerzo por llegar a ser.

2.º) Ese yo ha dejado de ser la famosa "cosa pensante" cartesiana o la mónada leibniziana; tampoco es el teatro psicológico de Hume, el hueco en donde comparecen las ideas impulsadas por sus leyes de asociación, ni la estructura trascendental del yo puro kantiano ni mucho menos la conciencia individual objetivada en espíritu que se despliega en el tiempo para realizar su propia sustancia. Es posible que no tenga más realidad que la que tienen los proyectos concretos que el ser humano hace a cualquier hora del día; la realidad que tiene un propósito cuyo sostén es la intención que revela o el deseo y la voluntad en que se objetiva; también las palabras que lo describen, las imágenes que lo acompañan, los instrumentos con que cuenta para su ejecución, en fin, la decisión de llevarlo a cabo y las dificultades que pueden dar al traste con él. Pero en la descripción que acabo de hacer no aparece el elemento más misterioso de ese "proyecto": que no es elegido por uno mismo entre un elenco de posibles proyectos, que no es "programado", sino que le llega a uno de algún sitio y se le impone. (Lo que proyecta no es "proyectable").

3.º) Vivir es *tener que* realizar un proyecto, que uno no elige libremente y que es por tanto, "forzoso". En efecto, la vida es formalmente drama como se dice en el curso *En torno a Galileo* (VI, 387), o un "puro acontecimiento de carácter dramático", como dice en otras ocasiones. La descripción clásica de nuestra vida como drama, en donde se subraya ese elemento del destino que tratamos de explicar ahora, está en la lección IX de *¿Qué es filosofía?* Ahí se la describe como la experiencia de ser arrojado a un escenario en donde se está representando una obra para la que no nos

> han preparado, aun cuando tenemos que responder: "Un símil esclarecedor fuera el de alguien que dormido es llevado a los bastidores de un teatro y allí, de un empujón que le despierta, es lanzado a las baterías, delante del público. Al hallarse allí, ¿qué es lo que halla ese personaje? Pues se halla sumido en una situación difícil... En sus líneas radicales, la vida es siempre imprevista. No nos han anunciado antes de entrar en ella —en su escenario, que es siempre uno concreto y determinado—, no nos han preparado". (VIII, 356)

De acuerdo con esta coincidencia de estructuras entre "nuestra vida" y la de una representación teatral —más adelante se hace extensiva a la novela— la mejor manera de caracterizar al yo es identificarlo con un *personaje*, como los personajes del teatro o de las películas, que interpreta un *actor*, donde el actor es el hombre o la mujer de carne y hueso, al que la gente se dirige con nuestro nombre. No somos uno sino al menos dos: el *yo-actor* que responde de la interpretación en el escenario de la vida, inserto en un cuerpo que le ata a la circunstancia de "las tablas" y el personaje que tiene que interpretar el primero y que le es impuesto. Si el actor es el yo-ejecutivo, que vive en el rompeolas de lo social, sometido a sus influencias, el personaje es el yo-ensimismado, inspirador de un proyecto que el actor tendrá que luchar por realizar a golpe de esfuerzo y decisión, aunque quizá no pueda nunca, bien porque el mundo no le deje, bien porque el actor no acierte a interpretar las reclamaciones de su personaje.

El paralelismo entre vida y obra de arte en que Ortega parece moverse no es nuevo. El precedente más claro es Goethe y sobre todo Nietzsche[5]. Pero creo que se mueve aún en el horizonte romántico de la idea. Por el contrario, Ortega evita identificar al yo ejecutivo o al yo ensimismado con el "autor" de la vida. Escapa así al error de atribuir al yo el papel de sujeto que planea, más o menos conscientemente, su proyecto vital. La propia vida es totalidad y "sujeto". El yo es un invitado, no el dueño de la casa. Dicho de otra forma, el proyecto de vida no está escrito en ningún libro ejemplar, como cree el

5 A título de ejemplo mencionemos que Nietzsche elabora la idea de una "productividad originaria" del yo en su *Tercera Intempestiva: Schopenhauer como educador*: "Cada uno de nosotros lleva dentro de sí una productividad original, única, que es el núcleo mismo de su ser (...) A los más tal cosa les resulta insoportable, porque, como ya quedó dicho, son perezosos, y porque toda singularidad va acompañada de una cadena de esfuerzos y sobrecargas" (Ed. de Jacobo Muñoz, Madrid, Biblioteca Nueva, 2000 p. 49).

fatalista. El texto se va escribiendo a medida que se vive. La vida es la escritura y no al revés. No somos los autores de nuestra existencia. El libre arbitrio del yo personal no es una libertad soberana, aunque sí responsable. Nuestras propias intenciones y proyectos nos desorientan en ocasiones y el viviente tiene que preguntarse, en cualquier momento del día, "¿qué camino seguiré?".

De entre todos los términos que emplea Ortega en los varios ensayos que dedicó a profundizar en su teoría del yo, tales como proyecto, personaje programático, programa de vida, anticipación, reclamación, tarea, misión, exigencia de ser, trayectoria vital, figura imaginaria o inexistente aspiración, el más completo y preciso, del que se sirve, ya en "Pidiendo un Goethe...", es el de *vocación*, entendiendo el término en su sentido etimológico, como una voz que nos reclama cumplir un "programa de existencia". En el siguiente ensayo biográfico que escribió Ortega desde el exilio argentino, dedicado a Juan Luis Vives, dio la más completa, aunque también la más misteriosa, descripción de la vocación:

> El yo de cada uno de nosotros es ese ente extraño que, en nuestra íntima y secreta conciencia, sabe cada uno de nosotros que *tiene* que ser. Esa íntima conciencia constantemente nos dice quién es ese que tenemos que ser, esa persona o personaje que tenemos que esforzarnos en realizar, y nos lo dice con una misteriosa voz interior que habla y no suena, una voz silente que no necesita palabras, que es, por rara condición, a un tiempo monólogo y diálogo, voz que como un hilo de agua, asciende a nosotros de un hontanar profundo, que nos susurra el mandamiento de Píndaro: "llega a ser el que eres"; una voz que es llamada hacia nuestro más auténtico destino; en suma la voz de la vocación, de la personal vocación. (IX, 514)

Puede que sea la más completa descripción pero no es más satisfactoria que otras descripciones anteriores o posteriores. Y es que estamos en el límite de lo que puede ser descrito con imágenes, metáforas o conceptos. Que nuestra conciencia o intimidad es un juego de voces —no sabemos cuántas con exactitud, pero desde luego, al menos dos—, es algo que la sabiduría occidental ha aceptado desde que Sócrates hablara a los atenienses de su *daimon*[6].

6 Pero el *daimon*, como el alma de Agustín es una cosa o una "cuasi-cosa" como le gusta decir a Ortega. De ahí que tenga tanta importancia la novedad que este introduce en su doctrina del yo: su des-entificación, si se me permite la expresión: "Cuando miro (...) esa supuesta intimidad mía, lo que hallo es mi paisaje psíquico, pero no mi yo. Este no es una cosa, sino un programa de quehaceres, una norma y perfil de conducta" (IV, 426).

Para llegar a alguna claridad hemos de retener dos datos: la referencia a Píndaro y la descripción de la vocación como una llamada o reclamación "hacia nuestro más auténtico destino". (Repárese en que allí donde se habla de la "vocación" surge espontáneamente el término "autenticidad". Más adelante volveremos sobre ello).

4

Hay que reconocer que apenas se puede ir más allá de las metáforas con que describe esa consistencia del yo como vocación. El problema, uno de los problemas, es el de saber cuál de todos esos modelos imaginarios de "yo" con los que soñamos despiertos es nuestro verdadero yo. Dicho de otro modo, ¿cómo reconocer al "personaje" si los gestos, las palabras, las decisiones son del "actor" que interpreta en medio del mundo-escenario, rodeado de los otros? Al actor pertenece la exterioridad *behaviorista*, los hechos que es posible observar, registrar, recordar. Es la dimensión factual y pública que tiene toda vida humana. Pero las intenciones, la inspiración, el sentido final de nuestros actos son del personaje y son casi siempre equívocos. En ocasiones resultan más opacos para uno mismo que para alguien que observe nuestra vida desde fuera. El auto-engaño nunca está descartado. Para responder a esta decisiva cuestión de cómo reconocer al personaje auténtico que hemos de interpretar, Ortega observa desde la trayectoria de Goethe: "Sólo sus sufrimientos y sus goces le instruyen sobre sí mismo" (V, 130).

Por tanto, el sí mismo solo se aclara *a posteriori* en el choque con lo que va pasando. Es la resistencia de la circunstancia, los imprevistos que el azar depara a nuestros planes, lo que le revela a uno mismo la deseada identidad que aspira a ser. En un breve texto, "Goethe, el libertador", Ortega rechaza expresamente la interpretación agustiniana de la verdad interior que no había sido puesta en duda por las novedades que trajo consigo la modernidad, al fin y al cabo, fundada sobre el *cogito* cartesiano; no cuestiona, pues, la necesidad de "ensimismarse", pero se trata tan solo de una condición necesaria, no suficiente. Pues

> "nuestro fondo es más abismático de lo que suponíamos. Por eso no hay forma de capturar nuestro «yo mismo» en la intimidad. (...) Si yo pudiera vivir dentro de mí, faltaría a lo que llamamos vida su atributo esencial: tener que sostenerse en un elemento antagónico (...) en las circunstancias". Y añade con cierta ironía que el único ser que se permite el lujo de estar siempre "dentro de sí mismo" es Dios... que "se da el gusto de *ser* sí mismo". Y concluye: "Pero la vida humana es precisamente la lucha, el esfuerzo, siempre más o menos fallido, de ser sí mismo..." (V, 147)

(Prestemos atención a esa leve alusión al fracaso).

La vida es constitutivamente quehacer y ese sí mismo que ocupa nuestra intimidad no es una cosa, una sustancia, un alma. A lo que me permito añadir: un estilo.

5

La "vocación" puede ser entendida como un modelo de búsqueda de una incógnita que permanece oculta en el fondo de la propia intimidad, pero adonde no se llega mediante introspección, sino actuando en lo otro que yo, en el mundo, y volviendo desde la alteración en las cosas y en los prójimos, al ensimismamiento en donde, ahora sí, meditamos acerca del grado de "verdad personal" que nuestras acciones nos revelan.

La conexión entre vocación y destino estaba ya en *Meditaciones del Quijote*: "la reabsorción de la circunstancia es el destino concreto del hombre" (I, 756).

"Vocación", "reclamación", "llamada" son términos metafóricos que proponen buscar el sentido de nuestra vida en su acontecer y no en nuestra subjetividad o conciencia. En última instancia, dicha llamada no consiste sino en sentir o experimentar un deseo de ser bajo una determinada figura y estilo de vida; pero en el bien entendido de que no basta con la idea, sino que el proyecto exige su ejecución: no imaginar que se es, sino serlo efectivamente. Deseo y frente a él resistencia de la circunstancia que nos facilitará la empresa o la dañará o, incluso, la impedirá. Por eso nuestra vida es simultáneamente libertad y destino. Este no es la fuerza divina o azarosa, exterior e inconmensurable, que doblega las vidas humanas, sino, por un lado, la coerción que la vocación ejerce sobre mi vida "tienes que ser..."; y, por otro, el mundo que heredo como sistema impuesto de facilidades y dificultades. Ello hace que la vida humana sea radicalmente libre, tanto que es puro quehacer y decidirse a ser. Para vivirla contamos con los recursos que nos ofrece la sociedad en que nacemos; también los modelos de vida que poetas, filósofos, fundadores de religiones han inventado. Ortega menciona una amplia lista de los programas vitales que la civilización ha ido fabricando, desde el "bodhisatva" hindú al *gentleman* inglés, pasando por el aristócrata homérico del siglo VI, el buen republicano y el estoico de Roma, el asceta medieval, el humanista del Renacimiento, el hidalgo del XVI, el *honnête homme* francés del XVII, el poeta-pensador-romántico de la Alemania del XVIII–XIX, etc. La vida humana ha necesitado siempre de una "inspiración" extra-natural. Para Occidente la filosofía platónica y el cristianismo proveyeron de una respuesta lo suficientemente poderosa como para ajustarse a los cambios históricos hasta la modernidad. Desde el XVII el modelo de vida casa peor con la trascendencia y se vuelve, en consecuencia, mundano, legitimado socialmente. Lo que las nuevas figuras de vida modernas ganan en trasparencia lo pierden en seguridad. Se quedan sin "aura" y se vuelven frágiles. Las profesiones y oficios, el arte, la política se convierten en los proveedores de contenidos para los proyectos de vida. Aportan una especie de urdimbre material a la vocación. Pero solo eso. Es importante no confundir la vocación de la que habla Ortega con las vocaciones profesionales[7].

7 "La «vocación» de Ortega no coincide con el uso estándar de esta palabra en el lenguaje contemporáneo. Ese trasunto de teología protestante secularizada o a medio secularizar que cristaliza en la noción moderna de *Beruf* tal y como la interpretó Max Weber no se compadece del todo con lo que Ortega quiere señalar como la «vocación» de alguien". Max Stern, "Sobre la filosofía moral de Ortega y las dificultades de su recepción", *Isegoría*, 7 (1993), p. 146. El propio Ortega teme que se le malentienda en esta dirección: "Si por vocación no se entendiese sólo, como es sólito, una forma genérica de la ocupación profesional y del curriculum civil, sino que significase un programa íntegro e individual de existencia, sería lo más claro decir que nuestro yo es nuestra vocación". (V, 126)

6

Es posible que Ortega pensara la doctrina de la vocación como respuesta a la crisis de la modernidad que había detectado en profundidad en *La rebelión de las masas* (1930). En el Goethe, dos años después, conecta ambos asuntos: el de la crisis europea como crisis de todo clasicismo y el de la necesidad de inventar nuevos programas de vida, como Goethe inventó el suyo (aunque fracasara en su ejecución).

La crisis de nuestro tiempo, la de los 30, era social y política pero también de proyectos de vida[8].

¿De qué repertorio de ideales disponía un joven europeo después de la Gran Guerra para dar sentido a su vida, para cargar la suerte del entusiasmo, más allá de la satisfacción de las necesidades, la búsqueda de placeres, la burla de las ideas recibidas y el rechazo de todo lo que sonara a norma u obligación? Con las religiones en franca retirada, las filosofías de la historia liberal y hegeliana desarboladas desde la crisis finisecular y el darwinismo "ciencista" como única verdad oficial que ve la vida humana como una breve y pasajera configuración molecular destinada a evaporarse sin dejar rastro, quedaban las mitologías para consumo de masas o las construcciones de la comunidad de sangre o de tierra: el irresistible mito del "hombre nuevo" que tantas versiones conoció, a derechas e izquierdas, en los años de entreguerras. Creo que es este el contexto en el que tenemos que situar la teoría del yo-vocación: una alternativa —no colectiva, o colectivista— al nihilismo[9].

8 Quizá convenga recordar que "hombre-masa" es el que no tiene un programa de vida ni concibe su existencia como esfuerzo por realizarlo.

9 En efecto, una alternativa, porque no solo nos ayudaría no reconocer la inanidad de un yo que ha perdido los privilegios de su origen divino como alma o espíritu, sino que la búsqueda y cumplimentación de una vocación que tan solo está inscrita en nuestro vivir azaroso y en el esfuerzo por "salvar" las circunstancias se convertiría en una exigencia de sentido que valdría para neutralizar el nihilismo originado en la desaparición de la creencia en que el sentido de las cosas humanas, en suma, la continuidad del mundo, está asegurado por no se sabe bien qué dioses o fuerzas históricas. Esto parece situarnos ante la conclusión de que no hay más sentido del que seamos capaces de inyectar en nuestras vidas mediante la disposición a buscarlo y crearlo. Un autor que podría compartir con Ortega este punto de vista es Jan Patočka. Véanse sus *Ensayos heréticos*, que han sido traducidos de nuevo: el hombre debe estar "dispuesto a renunciar a la inmediatez del sentido y adoptar el sentido como camino". Madrid, Encuentro, 2016, p. 119, Tr. de Iván Ortega Rodríguez.

La vida no es solo azar y destino, sino ensayo y búsqueda. Como el novelista imagina las vidas posibles de sus personajes, así cada cual ensaya para su vida tales proyectos. Recordemos: "El imperativo de autenticidad es un imperativo de invención". Claro que la vida está sometida a fuerzas cósmicas e históricas que sobrepasan el ridículo poder del individuo aislado. Pero el destino que de verdad cuenta es el destino interior, el cual es la fidelidad que el *actor* mostró al proyecto que tenía que ejecutar: llegar a ser en la realidad de nuestra existencia el *personaje* que ya somos en el programa-argumento de nuestra vocación, es decir, "llega a ser el que eres".

7

Ortega señala en varios lugares que el citado lema de Píndaro constituiría el imperativo central de su ética:

> La mayor parte de los hombres traiciona de continuo a ese *sí mismo* que está esperando ser y, para decir toda la verdad, es nuestra individual personalidad un personaje que no se realiza nunca del todo, una utopía incitante, una leyenda secreta que cada cual guarda en lo más hondo de su pecho. Se comprende muy bien que Píndaro resumiese su heroica ética en el conocido imperativo *llega a ser el que eres*. (V, 305)

Pero es evidente que la ética que Ortega prometió escribir alguna vez tendría poco que ver con las éticas derivadas del enfoque idealista que cuelgan el deber o la virtud de un imperativo racionalista. Para Ortega, como para Aristóteles, la ética se tenía que basar en la realidad; pero no en la realidad de una "naturaleza humana" sino en la realidad de los ingredientes estructurales de "nuestra vida". Y es en tal sentido que la vocación resulta ser el concepto clave de la ética por su función metafísica como "yo" real de nuestra vida. El bien, se dice en la cita, es cumplir con el imperativo pindárico, es decir, ejecutar la propia vocación. No hay vida plena como no hay en este mundo vida bienaventurada. Pero el mandato habla de intentarlo. Traicionar la propia vocación no tiene más castigo que el de "desrealizar" nuestra propia existencia, "entonces, te quedas sin ser nada", dice Ortega en algún lugar.

La vocación es el momento sintético de la teoría del yo, en donde Ortega finge que puede haber una voz que nos dice esto o lo otro sobre lo que *debe ser* nuestra vida como realización de nuestro propio yo. Pero las cosas son más complicadas.

Cuando en los cursos de 1930 empezó a elaborar la analítica del yo como proyecto vital —no emplea aún el término "vocación"— reconoce la complejidad del asunto. Para empezar, no se percibe unidad alguna: "En realidad mi yo futuro —dice Ortega— se compone de un cúmulo sumamente cuantioso de caracteres e ingredientes. Es más, algunos de ellos me son a mí mismo desconocidos, quiero decir, no he pensado claramente que los soy. Otros, procuro taparlos a mis propios ojos". (VIII, 434)

Y también reconoce que el lenguaje —"las palabras siempre genéricas"— no puede captar los matices que constituyen mi identidad individual cuando asumo roles en la circunstancia: la profesión, la paternidad, la amistad, la pertenencia a un grupo o a una comunidad, etc. Y aún añade que "hay en la vida una tendencia natural a eludir el plantearse en serio y totalmente la cuestión de '¿quién soy yo?' como futuro" (*Ibid.*).

Eso que llamamos "yo" se desdobla en un "actor" que encarna a un "personaje" ideal, sacado de un libreto sin autor que se escribe a medida que se actúa. Ya lo hemos dicho.

La etimología del término "vocación" no debe engañar. Nadie llama a nadie. No hay voces. Lo que has puesto con tus "invenciones" y hecho con tus "ejecuciones", eso es lo que encuentras en tus "ensimismaciones". Y, entre unas cosas y otras, el misterioso yo construye y destruye y vuelve a construir su propia imagen… a ciegas. Esto es lo que ocurre, según el modelo propuesto al principio, en el plano de la vida-enigma. Pero algo de eso se deja traslucir en forma de "bienestar" o "malestar" íntimos en los planos más superficiales de nuestra existencia, como son el de nuestra vida-creencia y el de nuestras ensoñaciones. En estos el yo-actor se adelanta siempre al primer plano de la escena, es decir, de la vida colectiva, con la réplica lista, réplica que procede del tejido de creencias vigente en nuestra sociedad, de nuestros hábitos sociales y nuestras habilidades biográficas adquiridas en lo que llama Ortega "experiencia de vida".

La intimidad creada por el ensimismamiento solo se llena con "experiencia de vida". El yo va y viene del pasado, con el recuerdo, al futuro, con la imaginación proyectiva, buscando orientación para sus decisiones y posteriormente reflexiona sobre sus actos, justificando lo hecho y lo omitido. Vocación es salvar la circunstancia de acuerdo con un *yo soñado* que remite a un personaje que debería ser un "mejor-yo". Pero solo acepta el envite de "salvar la circunstancia" quien la acepta, quien comprende que la vida humana es esencialmente limitación, asunción del propio destino. Porque el destino es la finitud de la libertad, como el escepticismo es el destino de la finitud gnoseológica de la que tanto hablaba Gaos.

8

En la cita que abría el parágrafo anterior se subrayaba la dimensión ética del lema de Píndaro. Esa fue la primera función que asumió en el discurso orteguiano. Pero al cruzarse con el tema del yo-vocación, adquirió el espesor metafísico que hemos comentado más arriba: llega a ser el que eres describe antes un "es" que un "debe". Casi podríamos decir, con Rodríguez Huéscar, un "debe" que es un "es" y viceversa.[10]

Dejada de lado cualquier lectura esencialista del lema de Píndaro, en el sentido de que pudiera referirse a una entelequia aristotélica que desplegara en el tiempo su *energeia*, llegando a ser en acto, nos queda la interpretación ética del *llega a ser el que debes ser* de acuerdo con un ideal de vida, ideal acordado desde la tradición, los códigos culturales, la racionalidad práctica y sus imperativos, etc.

Y aquí se plantea el problema de si predomina la interpretación metafísica sobre la ética o al revés. Dicho de otra forma, ¿podría ser incompatible la lectura ética del imperativo pindárico con la interpretación metafísica? Desde Aranguren se considera que la ética del esfuerzo deportivo que predomina en los veinte y la ética de la vocación serían más o menos incompatibles. Píndaro encajaría mejor en el modelo deportivo y no tanto con la versión "existencial" de la vida destinada al cumplimiento de una vocación. Pero no hay duda de que el motivo del poeta griego encaja a la perfección en la teoría orteguiana de la vocación. Las tensiones, entonces, estarían no

10 *Ethos y Logos*, Madrid, UNED, 1996, pp. 44–45.

entre ética y metafísica sino entre una ética vitalista del esfuerzo deportivo y una ética del cumplimiento de un programa de vida.

Las primeras formulaciones de la ética vitalista, dependiente siempre de las tesis metafísicas de *Meditaciones del Quijote*, las enuncia en dos artículos relativamente breves de 1917, "Muerte y resurrección" e "Introducción a un don Juan" (1920). En el primero se habla de "ser fiel a uno mismo", imperativo que adelanta el principio ético por excelencia, al que se mantiene fiel hasta el final de su obra. Este imperativo de lealtad a las propias vivencias se entiende mejor por lo que niega: se opone a las morales utilitarias heredadas de los ambientes positivistas y al idealismo ético kantiano en lo que tiene de abstracto. La forma de dar contenido al principio de fidelidad consistirá en recuperar la ética del arquero aristotélico, actualizada. El énfasis se sitúa antes que en la prudencia en la magnanimidad y en la ilusión. De ahí que conceda tanta importancia a la idea de "esfuerzo deportivo". El ánimo y el coraje para salvar la circunstancia junto a la frescura y la ligereza del juego: la extraña síntesis entre la virtud de don Quijote y la virtud de don Juan. Esa primera síntesis la resume Cerezo cuando escribe: "Se trata de una ética del *conatus*, del apetito de perfección, donde la inspiración y aspiración para alcanzarla conjugan la ética con la estética, la seriedad del deber autoimpuesto, libérrimo, con la ligereza del arte".[11]

Las siguientes palabras de Ortega no hacen sino corroborar la interpretación de Cerezo: "A las obras verdaderamente valiosas solo se llega por la mediación de este antieconómico esfuerzo: la creación científica y artística, el heroísmo político y moral, la santidad religiosa son los sublimes resultados del deporte". (III, 195)

Más allá del tono algo provocador de la cita, Ortega piensa detrás del sustantivo deporte la raíz metafísica de la vida humana que, en su indeterminación de ser más que naturaleza, es libertad de ser. Si ordenamos las tesis de la razón histórica, tomando esta como la originaria de toda su filosofía, no erraremos en la conclusión de ver la ética del deporte y la ética de la vocación como consistentes.

La ética del esfuerzo deportivo ha quedado asociada en algunos críticos con un modelo moral más o menos irracionalista, de corte nietzscheano:

11 "La ética de la alegría creadora", *Revista de estudios orteguianos*, 18, 2009, pp. 127–170.

valores vitales y creaciones superfluas, más allá de la necesidad y de las morales del trabajo; en resumen, una ética del talente lúdico y caprichoso. Aranguren, que es la fuente donde han bebido la mayoría de los críticos de este enfoque, planteó en su folleto *La ética de Ortega* la siguiente pregunta: "¿Cómo ha de entenderse la vida según Ortega: como quehacer moral, responsable, auténtico, o como deporte y juego?" (Madrid, Taurus, 1958, p. 31).

La pregunta sugiere que o una cosa o la otra: o autenticidad o deporte. ¿Pero es que el deporte y el juego no son quehaceres morales que pueden ser responsables y auténticos? Para responder afirmativamente tan solo tenemos que desplazar el sentido habitual que damos a los términos juego, deporte y entenderlos como metáforas de la libertad, contingencia e indeterminación que caracterizan estructuralmente a la vida humana de cada cual. Ortega estaba al cabo de la calle del fracaso histórico de las morales del deber y del cálculo utilitario, es decir, del fracaso histórico de los ideales de la modernidad, incluida su versión más decorosa: la Ilustración y sus proyectos emancipadores.

Todo gira en torno a lo que entendamos por "autenticidad". No es posible entrar hasta el fondo de las cuestiones que plantea, más allá de lo que ya ha sido dicho en el análisis de la vocación. Añadamos que el alcance del término en Ortega es doble: metafísicamente equivale a un imperativo de creación; éticamente significa fidelidad a la inspiración del programa vital, esfuerzo en su cumplimiento y justificación en su fracaso.

Hay una cita, de las más usadas, en que Ortega no solo resume su idea de moral, sino que establece un vínculo entre la ética de la ilusión y la de la autenticidad:

> Me irrita este vocablo «moral». Me irrita porque en su uso y abuso tradicionales se entiende por moral no sé bien qué añadido de ornamento puesto a la vida y ser de un hombre o de un pueblo. Por eso yo prefiero que el lector lo entienda por lo que significa, no en la contraposición moral-inmoral, sino en el sentido que adquiere cuando de alguien se dice que está desmoralizado. Entonces se advierte que la moral no es una performance suplementaria y lujosa que el hombre añade a su ser para obtener un premio, sino que es el ser mismo del hombre cuando está en su propio quicio y vital eficiencia. Un hombre desmoralizado es simplemente un hombre que no está en posesión de sí mismo, que está fuera de su radical autenticidad y por ello no vive su vida y por ello no crea ni fecunda ni hinche su destino. Para mí la moral no es lo que el hombre debe ser, pero por lo visto puede prescindir de ser, sino que es simplemente el ser inexorable de cada hombre, de cada pueblo. Por eso, desde siempre y una vez más

> en mis conferencias últimas de Buenos Aires, cuando anunciaba yo un posible curso de Ética —que ya no sé bien si haré— proclamaba como imperativo fundamental de la mía el grito del viejo Píndaro: *genoi' hoios essi* —llega a ser el que eres. (IV, 304)

Defendemos pues que la ética del "esfuerzo deportivo", "práctico", es una especie de prefiguración de la ética de la vocación.

El concepto de vocación, al que concedemos el puesto de honor en la ética de la segunda navegación, centrada en las categorías —caracterizadas como "existenciales" por algunos comentaristas— de la autenticidad y la justificación, no aparece suficientemente descrito hasta que Ortega desarrolla la metafísica de la vida humana a partir de los cursos de *¿Qué es filosofía?* y *¿Qué es conocimiento?*, donde aparecen las verdaderas innovaciones, siendo los cursos del 33–34, *Unas lecciones de metafísica*, el intento de organizar en forma de sistema escolar los hallazgos intuidos en años anteriores. Y para entonces Ortega había dejado de estar interesado en hacer una ética.[12]

Veamos a continuación el rendimiento ético de la idea de vocación a la hora de regular la acción humana.

Partiendo del hecho —que suele pasar inadvertido a muchos analistas— de que la llamada de la vocación no procede exclusivamente de un misterioso "interior", sino "conjuntamente, de la secreta solicitud de la circunstancia", es decir, de lo que hacemos e interpretamos en el mundo, la vocación juega en Ortega, concluye Cerezo,

> el papel de determinación intrínseca necesaria, que Kant concedía al imperativo categórico. Sólo por ella la vida escapa a la arbitrariedad, al estar anclada en una necesidad moral. La vocación es lo contrario tanto del simbolismo romántico de la mera disponibilidad vital como al necesitarismo naturalista.[13]

Completamente de acuerdo. Y creo que la cosa es tan grave que, sin ese anclaje en la vocación, la filosofía toda de Ortega se queda en nada. ¿Pero no sobra la palabra moral? ¿No puede ser esa necesidad de cualquier otro tipo: estética o política? ¿No sería mejor hablar de "necesidad metafísica"?

12 En 1928 y 1929, en las lecciones de Buenos Aires y en *¿Qué es filosofía?* promete escribir una ética. Pero en la cita que acabamos de dar más arriba, tomada de "Por qué he escrito «El hombre a la defensiva»" de 1930 duda ya de intentarlo.

13 "Pathos, éthos, lógos", *Revista de Estudios Orteguianos*, 24, 2012, p. 101.

Hay que concederle a la vocación el fondo de misterio que le pertenece. Y hay que concedérselo porque la vocación es el nombre que da Ortega a lo impensado e impensable que hay en el yo, equivalente a lo impensable que hay en el mundo y que colabora en las educciones de sentido que permiten nuevas re-orientaciones en las cosas. Cuando habla Ortega de que por debajo del plano de las creencias, al fin y al cabo interpretaciones (ideas) solidificadas por el uso y el éxito, la vida humana es un puro enigma, hay que tomarlo en serio.

En su opúsculo *La ética de Ortega*, Aranguren veía como una limitación grave el formalismo de la vocación, vinculado a "un formalismo ético de la autenticidad que Ortega no llegó nunca a elaborar íntegramente ni, por tanto, a contrastar en sus aporías" (op. cit., p. 47). Ortega fue consciente del riesgo de que se interpretara su ética de la vocación como un formalismo. Pero no lo es. A poco que reparemos en que la vocación se cumple en los actos de vida y se autorregula en la exigencia de justificación ante uno mismo, que es la única manera de ir acertando lo que cada cual tiene, se llena de contenido. Además, concibe su ética como una ética "material" de la felicidad. En efecto estamos ante una ética de fines. Cabe reformular el ideal concreto, específico y único de cada vida humana, diciendo que es aquel fin que nunca puede ser subvertido en medio, el único fin necesario. No respetarlo, implica falsificar la propia vida. Por tanto, felicidad no es sino el cumplimiento de la propia vocación:

> Hay una vocación general y común a todos los hombres. Todo hombre, en efecto, se siente llamado a ser feliz; pero en cada individuo esa difusa apelación se concreta en un perfil más o menos singular con que la felicidad se le presenta. Felicidad es la vida dedicada a ocupaciones para las cuales cada hombre tiene singular vocación. (VI, 273)

En cuanto a si Ortega exploró las aporías de su doctrina de la vocación, hay una que ha sido muy comentada, empezando por el propio Aranguren, quien, sorprendentemente, no la juzgó tal. La aporía en cuestión es comentada en una nota a pie de su *Goethe*: ¿Puede haber vocación de ladrón o prostituta? Esta pregunta, que plantea una dificultad bien real, no tiene respuesta simple. Ser prostituta o ser ladrón podrían ser formas de encarar con autenticidad la circunstancia. Pensar que hay una instancia externa a la vida personal que pueda imponerse es inconsistente con los radicales que atribuye Ortega a la vida. Otra cosa son los códigos éticos, que las convicciones religiosas o las convenciones e imposiciones sociales puedan imponer al yo. En la dimensión colectiva o pública de "nuestra vida" no rige la autenticidad sino el decoro.

¿Puede haber una verdadera vocación para hacer el mal, para infligir dolor, por ejemplo, a inocentes? Creo que simplemente no se pueden responder estas preguntas porque la razón, siempre limitada por los principios lógicos, no traspasa su propio horizonte. El problema del mal puede y debe ser pensado, pero no pueden establecerse principios basados en leyes fundadas en conocimientos probados.

¿Qué supuestos culturales y que experiencias de vida precisamos para enfrentar el problema de una definición de "mal moral"? Para Ortega podría decirse, porque él lo dice, que el mal moral es no encajar cada cual en su propio destino; y que eso es fuente de otros males.[14] Si para encajar en el propio destino hay que prostituirse o matar inocentes, solo cabe decir que la vida humana como realidad radical contiene la dimensión social —nuestra vida colectiva, tan real como la vida individual—, que condiciona el cumplimiento de la vocación, como lo condiciona el azar. El conflicto entre el proyecto personal y las imposiciones sociales siempre está servido, y en épocas de crisis, mucho más. La vida no es un teorema lógico. Quizá cuando Ortega escribió en *Del Imperio romano* ciertas descripciones de la convivencia humana no estaba pensando solo en las "novedades políticas" que habían traído consigo los años 30, sino también en sus propios descubrimientos metafísicos:[15]

14 "la esencia del pecado (tanto en ética como en estética: querer ser tenido por lo que no se es") (II, 239). Es un texto de juventud. En *Misión de la universidad* (1930) no dice otra cosa: "El pecado original reside en esto: no ser auténticamente lo que se es... Somo puede crear una apasionada resolución de ser lo que estrictamente se es" (IV, 327). Y más tarde se aclara qué quiere decir esto de ser auténtico: "Limitarse es la verdad, la autenticidad de la vida. Por eso nuestra vida es destino. (...) La vida auténtica consiste en la alegre aceptación del inexorable destino, de nuestra incanjeable limitación" (IV, 338).

15 "La sociedad, conste, es tan constitutivamente el lugar de la sociabilidad como el lugar de la más atroz insociabilidad, y no es en ella menos normal que la beneficencia, la criminalidad. Lo más a que ha podido llegarse es a que las potencias mayores del crimen queden transitoriamente sojuzgadas, contenidas, a decir verdad, sólo ocultas en el subsuelo del cuerpo social, prontas siempre a irrumpir una vez más *de profundis*" (VI, 103). Y poco después: "El derecho presupone la desesperanza ante lo humano. Cuando los hombres llegan a desconfiar mutuamente de su propia humanidad, procuran interponer entre sí, para poder tratarse y traficar, algo premeditadamente inhumano: la ley" (VI, 107).

la indigencia que caracteriza a lo real; o dicho en otros términos, lo que Hannah Arendt ha descrito como "la oscuridad del corazón humano". No es, pues, el imperativo categórico lo que pudiera limitar los desvaríos de la vocación sino el código penal.

Robar o prostituirse son ya quehaceres determinados socialmente y prohibidos desde ese mismo orden de normatividad. Son usos sociales. La vocación se mueve en otro orden de realidad vital.[16]

Pero Cerezo insiste en situar a Ortega en la hermosa tradición ilustrada, de la que me da la impresión de que nuestro filósofo comenzaba a despedirse. Y lo sitúa cuando afirma, ya casi al final de su ensayo:

> Como referí al principio, los sentimientos de satisfacción interna o de desagrado ofrecen pautas orientativas acerca del valor interno de nuestro quehacer vital. Pero creo que es preciso ir más lejos y contrastar críticamente el sentido de nuestro quehacer, de un lado con la exigencia inapelable que nos llega del fondo de la vida social, reclamando como necesaria una determinada figura de existencia y del otro, con nuestro originario poder/querer para llevarla a cabo. (op. cit. p. 106)

La estrategia de Cerezo de intentar "apresar" la vocación en las redes de la necesidad racional-práctica para tener un lugar donde encajar un bien moral que obligue al ser humano, como antes le obligaba Dios y más tarde el Imperativo de la Razón, es sugerente pero creo que equivocada. No hay armonía interna en el esquema general de la vida humana. No encajan los planos. Las fuentes del sentido son personales y únicas. También misteriosas. Al mismo tiempo que salvan la vida humana en las grandes estructuras de la existencia histórica colectiva, el sentido se malogra y los ruidos destruyen la supuesta melodía originaria. Ni hermoso espectáculo del cielo estrellado,

16 Ya hemos argumentado que la razón no puede entrar a juzgar lo que pertenece al plano enigmático de nuestra vida. Podemos hacer un paralelismo con uno de los problemas clásicos de la metafísica: así como la razón no puede demostrar la existencia de Dios, tampoco puede determinar los contenidos de la vocación ni la decisión íntima por la que un sujeto acepta su mandato, su imperio. Vocación entendida como el "fondo insobornable" de un yo o como "llamada" de una metafórica "voz silente" es una X situada más allá de aquello a lo que la conciencia con sus descripciones y reflexiones puede intentar acceder. Es, por tanto, en terminología kantiana, una realidad nouménica; y en términos orteguianos, la vocación pertenece al mismo plano pre-creencial de la realidad enigmática.

al que solo podemos mirar de reojo por miedo a caernos, ni ley moral en nuestro corazón. Solo naufragio y enigma, enigma y naufragio. Y, claro está, esfuerzo deportivo.

Bibliografía

Aranguren, J. L. (1958), *La ética de Ortega*, Madrid, Taurus.

Cerezo, P. (2011), "La ética de la alegría creadora", en *Jose Ortega y Gasset y la razón práctica*, Madrid, Biblioteca Nueva/Fundación José Ortega y Gasset-Gregorio Marañón, pp. 127–170.

Cerezo, P. (2012), "Pathos, ethos, logos", *Revista de Estudios Orteguianos*, 24, pp. 85–108.

Lasaga, J. (2020), "Nostalgia de lo animal", *Cuadernos hispanoamericanos*, Madrid.

Nietzsche, F. (2000), *Tercera Intempestiva: Schopenhauer como educador*, Madrid, Biblioteca Nueva.

Ortega y Gasset, J. (2004–2010), *Obras completas, 2004–2010*, Madrid, Taurus-Fundación José Ortega y Gasset.

Rodríguez, Huéscar. A. (1982), *La innovación metafísica de Ortega*, Madrid, Publicaciones del Ministerio de Educación y Ciencia.

Rodríguez, Huéscar. A. (1996), *Ethos y logos*, Madrid, Universidad Nacional de Educación a Distancia.

ALEJANDRO DE HARO HONRUBIA

Modernidad y virtud en el joven Ortega

1. Presentación y justificación de la elección del tema. Las "virtudes" de la Edad Moderna en el pensamiento de juventud de Ortega

Las siguientes páginas versan sobre la idea de virtud en el pensamiento del joven Ortega, es decir, cuando el filósofo español se encuentra inmerso en la modernidad, con sus ideales de ciencia y moral universal —la *moral como ciencia*, recordará Ortega en alusión a la obra de Kant de quien recoge también su idea del cosmopolitismo en un primer periodo en el que Ortega es afín al racionalismo— que serán los que doten de contenido a su ideal de virtud en su mocedad. La modernidad -aunque también el pensamiento clásico griego (la obra de Platón)— será para el filósofo de la razón vital el referente principal en lo que atañe a sus ideas de cultura y ciencia universal. En el año de 1907 dice Ortega, desde Marburg, a la que entonces era su novia, Rosa Spottorno: "El descubrimiento de Galileo tiene un gran valor para nosotros: tú no sabes aún, pero ya lo sabrás que mi filosofía es la suya: Platón, Galileo, Descartes, Newton; Kant; ahí tienes las grandes estaciones de mi filosofía" (Ortega, 1991: 551 y s.).

De la modernidad filosófica y científica se nutre Ortega en Alemania —Ortega se convirtió en "importador de tonelillos de idealismo" en el país germano—, adonde marcha desde muy temprano. Ortega estudia un primer año, de febrero de 1905 a marzo de 1906, en las universidades de Leipzig y Berlín; y otro segundo en Marburg, desde octubre de 1906 hasta agosto de 1907, adonde regresará en 1911. Alemania, dice Ortega en 1905, "es precisamente la nación cuya influencia en la dirección moral e intelectual nuestra habrá de sernos más fecunda" (*Notas de Berlín*, O.C: I: 51).[1] Nos encontramos en estos primeros años con un Ortega "germano". Por sus cartas, sabemos que también visitó la ciudad de Colonia, el 24 de febrero de 1905, afirmando: "No había yo nunca soñado una ciudad tan bella" (Ortega, 1991: 101).

Sin embargo, fue Leipzig la ciudad alemana que más le impresionó especialmente por una circunstancia que pasamos a comentar a continuación. En una carta que el filósofo envió a su padre apenas llegado a Leipzig, el 27 de febrero de 1905, da cuenta de su primer deslumbramiento o asombro, en esta ciudad, ante la pujanza de la componente cultural en la vida cotidiana de los alemanes: "Para estudiar es un sitio admirable. Aquí todo el mundo lee de un modo atroz: en los cafés hay centenares de periódicos y hasta bibliotecas. Hombres, niños, mujeres, se agarran al papel impreso como monomaníacos" (Ortega, 1991: 104).

Será en Alemania donde Ortega descubra las virtudes de la modernidad frente al tradicionalismo, aldeanismo e incultura imperantes en la España de la que procede y de la que censura el filósofo su retraimiento respecto a los valores modernos. España no ha tenido Ilustración, no ha tenido modernidad. Su decadencia obedece a la falta de ciencia, a la privación de teoría: "Por su alma, dice Ortega en 1908, no han pasado ni Platón ni Newton ni Kant, y con una terquedad incomprensible viene cometiendo, desde hace tres siglos, el gran pecado contra el Espíritu Santo: la incultura, el horror a las ideas y a las teorías" (*La conservación de la cultura*, OC, I: 152).

España ha vivido desgajada de Europa. Su enfermedad responde a su retraimiento con respecto a Europa. Esta simboliza la virtud del idealismo y el racionalismo/culturalismo de la modernidad. Es por ello por lo que Ortega ahora es más moderno que siglo XX, todo lo contrario de lo que dirá en 1916, cuando selle la expresión, "Nada *moderno* y muy *siglo XX*"

1 Las citas de las obras de José Ortega y Gasset remiten a la edición de Ortega y Gasset, J. (2004–2010), *Obras Completas*, Madrid: Taurus/Fundación José Ortega y Gasset. En adelante, al título del escrito sigue en números romanos el tomo y en arábigos la(s) página(s).

(*España*, 27-VII-1916)[2] —y lo será bajo el influjo de sus maestros neokantianos, Herman Cohen (1842–1918) y Paul Natorp (1854–1924)—: "Natorp y Cohen, dice el filósofo español, tienen dotes divinas" ([*Diario de Marburgo*, 1906–1907], OC, VII: 97).

En su mocedad, a Ortega le atrae intelectualmente el neokantismo[3] y en especial las ideas de Hermann Cohen al que se refiere con asiduidad.[4] En alusión a la obra de Kant, un referente para Ortega en sus primeros años como intelectual, el filósofo español afirmará que su maestro Hermann Cohen —con quien Ortega se sumerge en "la terrible disciplina de Kant"—, con su primera obra, publicada en 1871, "iniciaba la reivindicación de Kant: volver a Kant era volver a la fontana maternal de la cultura germánica" (*Hermann Cohen*, OC, I, 1015). La obra de Kant, especialmente su filosofía práctica o moral, es una fuente de inspiración de indudable valor para el joven Ortega quien coincidirá, como veremos, con el filósofo alemán a propósito de la idea de virtud en un sentido moral y como aquello que se contrapone a nuestra naturaleza más salvaje, instintiva e irracional que aparece como una especie de "mal radical".

El influjo de Kant es, como decimos, manifiesto en el joven Ortega, quien menciona la *Crítica de la razón pura* (1781), el *Fundamento de la*

2 Su crítica a la modernidad la encontramos incluso un poco más atrás. Desde 1912, cuando Ortega se aproxima a la fenomenología interesándose por la idea del mundo de la vida (*Lebenswelt*) —"La fenomenología exige que el mundo como realidad cósmica sea llevado a mi realidad vital, que es la manera, como dice el profesor San Martín, de que el mundo haya de implicar la perspectiva" (San Martín, 2012: 95)—, su objetivo no será otro que superar la modernidad filosófica que el pensador español identificará con las ideas de racionalismo e idealismo (subjetivismo) —Ortega se opone a la *species aeternitatis*, de Spinoza, pues *el punto de vista ubicuo, absoluto, no existe propiamente: es un punto de vista ficticio y abstracto*—, si bien es verdad que lo moderno como sinónimo de ciencia y teoría, las virtudes del concepto le seguirán atrayendo, como podemos observar en su primera gran obra, *Meditaciones del Quijote* (1914). Ortega, a partir de esta programática fecha de1914, comienza a afirmar con intensidad el primado de la vida frente al primado de la cultura moderna de mocedad. Y así dirá en esta fecha que "no es vivir con orden, es vivir primero" (*Vieja y nueva política*, OC, I: 719).

3 Sobre el neokantismo, véase el completo estudio de Ernst Cassirer, Hermann Cohen y Paul Natorp (1998), o también Paul Natorp (1975).

4 Véase De Haro Honrubia, A. y Francesco G. Trotta (2020), "Ortega allievo di Cohen e l'amore come conoscenza", *Archivio di Filosofia*, 88, 1, pp. 123–134.

metafísica de las costumbres (1785) y la *Crítica de la razón práctica* (1788): "La *Crítica de la razón pura* es una obra genial", pero, según el pensador español, "lo nuevo en filosofía lo trajeron los dos libros siguientes citados: la moral como ciencia" (*Sobre la pequeña filosofía*, OC, I, 164).

Como dice a sus padres desde Berlín el 24 de noviembre de 1905: "Estoy muy contento con las lecciones de la Universidad a que asisto: son éstas sobre Kant, sobre Psicología, sobre Filosofía del siglo XIX, sobre Ética, etc. Etc. Los profesores más considerables son Simmel y Rhiel" (Ortega, 1991: 222).

Y también en carta a su padre, José Ortega Munilla, el 18 de febrero de 1906, le dice a este lo siguiente: "Ahora estoy en, de, con, por fin sobre Kant y espero ser el primer español que lo ha estudiado en serio. Cuanto te diga de la ignorancia de España en este asunto será pálido" (Ortega, 1991: 255). Y el 12 de diciembre de 1906, desde Marburgo reitera nuevamente a su padre:

> Sigo trabajando deliciosamente sobre Kant y sobre filosofía griega: probablemente llevaré al cabo del año unos ensayillos sobre filósofos menores de la Grecia platónica y sobre la interpretación neokantiana de Kant. Este año todo va como una seda: el trabajo angustioso del pasado año sobre alemán y sobre griego me ha traído cosecha este año abundante: llenando voy mis trojecillos mentales con que un día pueda labrar blanco pan de Idea para mis hambrientos paisanos. En lo que me he metido de lleno es en Matemáticas: no se puede dar un paso en el mundo sin saber matemáticas. Claro que para mí el mundo es el mundo de las Ideas, único en cuya realidad creo. Todo lo demás es pesadilla o pesada que dicen los clásicos. (Ortega, 1991: 264)

Será desde este idealismo de mocedad cuya característica principal es su deuda con la obra de Kant en el que Ortega confía en sus primeros años como intelectual, desde el cual el filósofo definirá su noción de virtud.

2. Idealismo y virtud o la *Ética* de mocedad del filósofo de la razón vital

Desde sus comienzos, Ortega se refiere a la idea de moral y a la idea de virtud en un sentido ilustrado, es decir, idealista o racionalista. Ambos conceptos no tienen para él un significado religioso, sino humano, como expone el filósofo desde muy temprano. En *El Imparcial*, el 1 de febrero de 1906 dice Ortega:

No se habla ahora de la moral religiosa, que es el conjunto de virtudes para lograr un fin religioso, la exaltación en una vida transmundana, sino de la moral humana, que es el conjunto de virtudes para lograr un fin humano, a saber: «la vida más vida que se pueda vivir», en el mundo. Nosotros podremos reírnos de esas recias y clásicas virtudes humanas, demasiado humanas, pero ello es que los que las tienen y cultivan y guardan, viven más vida que nosotros. ("La Universidad española y la Universidad alemana", OC, I: 72)

Ortega está indudablemente aludiendo a Nietzsche —a través también de los ojos de Simmel, profesor en las universidades de Berlín y Strasbourg, y a cuyas clases Ortega asistió en la primera de las ciudades en el año 1905, y de quien dice que, "ha sido uno de los más exquisitos filósofos de la Alemania contemporánea" ([Jorge Simmel], OC, III: 1051)—, para quien, según escribe en *El Imparcial*, 13 de julio de 1908,

vivir *es más vivir*, o de otro modo, vida es el nombre que damos a una serie de cualidades progresivas, al instinto de crecimiento, de perduración, de capitalización de fuerzas, de poder. El principio de la vida, la voluntad de la vida es «Voluntad de poderío». Tanto de vida habrá en cada época cuanto más libre sea la expansión de esas fuerzas afirmativas. ("El Sobrehombre", OC, I: 178 y s.)[5]

Sin embargo, aun cuando Ortega en sus inicios refiere el ámbito de la vida, influenciado por la filosofía de Nietzsche —crítico de la modernidad, como más adelante también lo será el filósofo de la razón vital— y su lema de que vivir es *más vivir*, su pensamiento es principalmente moderno y, por lo tanto, idealista. La salud consiste en que lo seamos, dice el filósofo en 1906: "En mi entender la salud consiste en que seamos idealistas" (*[Discurso para los Juegos Florales de Valladolid]*, OC, VII, 85-86). Un pensamiento que dista mucho de aquel que defenderá en su madurez intelectual y que ahora debe mucho a su estancia en Alemania, así como también responde a una cuestión generacional, pues como el propio Ortega afirma en esa temprana

5 Ortega está refiriendo la obra de Nietzsche, *El Anticristo*, donde dice Nietzsche: "La vida misma es para mí instinto de crecimiento, de duración, de acumulación de fuerzas, de poder: donde falta la voluntad de poder hay decadencia (...), los presupuestos de la vida ascendente, todo lo fuerte, valiente, señorial, orgulloso" (Nietzsche, F.: *El Anticristo*, traducción de Andrés Sánchez Pascual, Madrid, Alianza Editorial, 1980, pp. 30 y s.).

fecha: "La mocedad es siempre idealista", pues en ella "al mundo que es oponemos un mundo que debe ser. Sobre la realidad trabajamos por fundar la idealidad" (*Canto a los muertos, a los deberes y a los ideales*, OC, I, 107). Su idealismo de mocedad se extiende al menos hasta 1912, cuando dice el filósofo: "Ya he pronunciado la palabra que simboliza el nuevo estado de espíritu: lo ideal. Para los hombres del siglo XX vuelve a ser *lo ideal*. Somos idealistas" (*Tendencias actuales de la filosofía*, OC, VII: 259).

Se trata de un idealismo objetivo y de carácter antropológico, pues como dice Ortega en esta última fecha: "Sí, el hombre es medida de todas las cosas, pero su trabajo le cuesta. Le cuesta hacer las cosas. Y este papel divino de reconstruir virtualmente el mundo propone al hombre el idealismo" (*La Idea de Platón*, OC, VII: 230).[6]

Ortega, en sus primeros años como intelectual, piensa la idea de virtud desde este idealismo, pero también desde su mentalidad europeísta o cientificista que caracteriza su mocedad, pues como dice en 1910 en *Las revoluciones*:

> Europa, señores, es ciencia antes que nada (...). Europa es también sensibilidad moral, pero no de la vieja moral subjetiva, de la moral cristiana, acaso más bien jesuítica, de las intenciones, sino de esta otra moral de la acción, menos mística, más precisa, más clara, que antepone las virtudes políticas a las personales porque ha aprendido —¡Europa es ciencia!— que es más fecundo mejorar la ciudad que el individuo. (*Las revoluciones*, OC, I: 324)

Las virtudes de la ciencia y la moral son *virtudes políticas* —"Las virtudes políticas, que son las virtudes más ciertas, que son las virtudes primarias" (*Teoría del clasicismo*, OC, I: 125)—, en el sentido de que se deben alcanzar en sociedad o en comunidad, en diálogo, interacción o comunicación con los demás, y no de forma aislada o al margen de todo lo social. Pero Ortega también refiere al ámbito estrictamente político o de vida pública la idea de virtud (la virtud ciudadana de la participación pública o política, "queramos o no todos hemos de hacer política, quieran o no los *políticos*", dice Ortega en 1910 en *[El problema español]*, OC, VII: 184), pues si ha de renacer de entre sus ruinas nuestro país es preciso, ante todo —dice Ortega en 1906 —

6 Ortega, no obstante, diferencia entre la utopía y el ideal: "no confundir la utopía con el ideal: aquélla no es sino un ideal inmotivado y que no puede ser normalmente sentido" (*[Discurso para los Juegos Florales de Valladolid]*, OC, VII: 88).

> socializarlo, darle las virtudes públicas que ha ido perdiendo hasta lo increíble. Hay que clamar cien veces por toda nuestra tierra que no bastan las virtudes individuales para hacer de un hombre un hombre honrado. Porque hay algunos —decía el republicano Cicerón en los libros de los *Deberes*— que viviendo al margen de la vida común, cuidando justamente de sus asuntos personales creen que han llenado la medida de sus obligaciones, de lo exigible. Pero los tales, si no cometen unas faltas pecan de otra suerte apartándose de la comunidad, no sacrificándole el menor esfuerzo, la más ínfima labor, el más pequeño auxilio. (*[Discurso para los Juegos Florales de Valladolid]*, OC, VII: 78–79)

Refiriendo en 1909 la política de Aristóteles, Ortega afirma que la participación política es un deber para todos los ciudadanos y lo es como virtud y como exigencia ética mínima (Véase *[Algunos reparos a Jacinto Benavente]*, OC, VII: 145).

El individuo no puede alcanzar estas metas, una vida virtuosa como exigencia ética, al margen de la comunidad. La virtud, como ocurría en el marco de la tradición del pensamiento clásico griego —cuya influencia es manifiesta en el joven Ortega— se cultiva, en cualquiera de sus formas, en el seno del grupo social o comunidad.

Su ideal de cultura científica y moral es un ideal político que se alcanza en comunidad. Un ideal que emana del idealismo y el racionalismo cultural de la modernidad, pues Ortega se siente heredero de ella —ahora es más moderno que siglo XX, todo lo contrario de lo que dirá en 1916, cuando selle la expresión, "Nada *moderno* y muy *siglo XX*" (*España*, 27-VII-1916)—.

La idea de virtud se ve, por lo tanto, influida por este idealismo de mocedad, y así dice Ortega en 1912: "La idea es siempre lo uno frente a lo mucho. El hombre frente a los hombres. La virtud frente a las virtudes. Idea es unidad. La ironía de las «*ideas*»". Así como también afirma: "La virtud es una idea, que no niega las apetencias, simplemente las pone en serie. El ascetismo es tan amoral como la pleonexía, como la concupiscencia. La castidad no puede ser virtud" (*La Idea de Platón*, OC, VII: 229).[7]

Su idealismo barniza su noción de cultura, de moral y de ciencia universal a las que denomina en su mocedad "las rígidas virtudes modernas,

7 Para Ortega el ser verdadero, dice en 1912, "es el ser de la idea, que no es ni una cosa ni un pensamiento, es una función, una actividad, el ser en el conocimiento" (*La Idea de Platón*, OC, VII: 230).

virtudes dotadas de plena vitalidad", dice en 1909 (*[La ciencia y la religión como problemas políticos]*, OC, VII: 137).[8]

Y en 1907, en *Reforma del carácter, no reforma de costumbres*, afirma el filósofo lo siguiente: "Demos una lección filosófica a este bendito señor La Cierva y repitámosle el vetusto apotegma socrático, aún no refutado: Virtud es ciencia" (*Reforma del carácter, no reforma de costumbres*, OC, I: 114).

3. La influencia de Kant y Fichte en la noción idealista de virtud orteguiana

En un primer periodo de su pensamiento, cuando Ortega se encuentra inmerso en el pensamiento alemán y sobre todo en la obra de Kant —dice en 1907 desde Marburg, ciudadela del neokantismo, que ha recorrido "casi todo el sistema de Kant: he leído los libros exegéticos de Cohen, he leído los libros de Natorp, otros libros de psicología y de Historia: unos veinte volúmenes y entre ellos las dos *Críticas* de Kant. Estas dos piezas de sillería son el fundamento de mi futura catedral íntima" (*[Diarios de Marburg, 1906–1907]*, OC, VII, 95)—, la virtud aparece como sinónimo de ciencia y moralidad —el filósofo español mentará la idea de la moral como ciencia refiriendo la filosofía práctica de Kant (Véase *Sobre la pequeña filosofía*, OC, I, 164)— que enfrenta al capricho personal,[9] el placer de los instintos o lo meramente corporal.

8 Estrictamente hablando Ortega entiende por cultura, tal y como afirma en 1909, lo siguiente: "La ciencia, la moral, el arte componen la cultura (...). Culto no es el que ha corrido más o menos tierras sino el hombre sabio, virtuoso y capaz de sentimientos estéticos" (*Lección del Quince de diciembre [Escuela Superior del Magisterio]*, OC, VII: 141).

9 En su madurez intelectual, Ortega también se opondrá al capricho y así dice en el año 1943: "Se trata de evitar el capricho. El capricho es hacer cualquiera cosa entre las muchas que se pueden hacer. A él se opone el acto y hábito de *elegir*, entre las muchas cosas que se pueden hacer, precisamente aquélla que reclama ser hecha" (*Epílogo de la filosofía*, OC, IX: 583–584).

La virtud de la ciencia y la moral tendrá como fin contrarrestar las disposiciones naturales e incultas del individuo, tratando de cumplir, como decía el propio Kant, con el deber de hacerse digno de la humanidad por medio de la cultura (la "*Kultur*") en general, "el deber de procurarse o de fomentar la capacidad de realizar todos los fines posibles, en cuanto ésta sólo se encuentra en el hombre; es decir, un deber de cultivar las disposiciones incultas de su naturaleza, como aquello a través de lo cual el animal se eleva a hombre: por consiguiente, un deber en sí mismo. Sólo que este deber es únicamente ético" (Kant, 1989: 245). Nos referimos con Kant a la virtud del deber, un deber de progresar cada vez más de la espontaneidad de la naturaleza (afectos, pasiones o vicios en general), desde la animalidad, hacia la cultura y la humanidad, pues esta es la única capaz de proponerse fines (Véase Kant, 1989: 238).[10]

Se trata de situarnos, como afirma el propio Ortega, más allá del estado de naturaleza o del estado originario por el que sentían cierta predilección los románticos. Estos, según el filósofo español, nos "retrotraen a la inocencia originaria y edénica".[11] Ortega considera que esta inocencia e ingenuidad originaria, es decir, lo sincero y lo espontáneo en el hombre es el gorila y de lo que se trata es de trascender al gorila buscando lo convencional, artificioso y reflexivo: la cultura que es siempre negación de la naturaleza. Como en el hombre "a lo natural llamamos espontáneo, tendremos que definir la cultura como la negación de lo espontáneo, es decir, Ironía".[12] La cultura, que incluye ese importante elemento o valor moral, se impone a las inclinaciones y los vicios, que, como dice Kant, el filósofo de Königsberg, son obstáculos o,

10 La filosofía práctica de Ortega en su mocedad se aproxima a la de Kant. Sin embargo, en un segundo periodo de su pensamiento se produce un giro en este sentido. La ética del deber ser genérico y abstracto deja paso a una ética del individuo concreto. (Véase "Estética en el tranvía", OC, II, p. 181).

11 *Renan*, OC, II, 49. Dice Ortega que "sobre el áspero islote de los instintos naturales levanta la cultura los edificios de sus formas, de sus mecanismos, de sus artejos" (*Pío Baroja: Anatomía de un alma dispersa*, OC, VII: 291). Bien es verdad que, en este mismo trabajo de 1912, Ortega comenzará a mostrar las virtudes de nuestra naturaleza más instintiva e irracional, buscando la inmersión "en el orangután inicial que el hombre lleva dentro (...), pasajero retorno al paternal chimpancé" (*Pío Baroja: Anatomía de un alma dispersa*, OC, VII: 291).

12 *Renan*, OC, II, 47.

más concretamente, "los monstruos que el hombre tiene que combatir, de ahí que la fortaleza moral, entendida como *valor* (...) constituya también el supremo honor guerrero del hombre (...); también se le llama la verdadera *sabiduría*, es decir, sabiduría práctica, porque hace suyo el fin final de la existencia del hombre sobre la tierra. Sólo poseyéndola es el hombre libre" (Kant, 1989: 262).

La definición kantiana de virtud responde a esa actitud firme de la voluntad en el cumplimiento del deber o, como también afirma Jesús M. Díaz Álvarez analizando el modelo ilustrado-moderno de virtud en Kant (véase Díaz Álvarez, 2010: 423), la conformidad de nuestra voluntad con lo que dicta el deber. En Kant solo hay *una única virtud*, a saber, la que le pide al humano que se esfuerce en el cumplimiento del deber. El propio Kant, lo reconoce así cuando afirma que "la virtud, entendida como conformidad de la voluntad con todo deber, fundada en una intención firme, es sólo, como todo lo *formal*, una y la misma" (Véase Kant, 1989: 249).[13]

El compromiso de Ortega con la idea del deber lo podemos observar en la siguiente cita de 1910, impresa en su trabajo, *La pedagogía social como programa político* (1910), donde dice Ortega que dentro de cada cual:

> Hay como dos hombres que viven en perpetua lucha: un hombre salvaje, voluntarioso, irreductible a regla y a compás, una especie de gorila, y otro hombre severo que busca pensar ideas exactas, cumplir acciones legales, sentir emociones de valor trascendente. Es aquél el hombre para quien sólo existen los bravíos instintos, el hombre de la natura: es éste el que participa en la ciencia, en el deber, en la belleza, el hombre de la cultura. (*La pedagogía social como programa político*, OC, II, 94)[14]

El trabajo a que responde esta cita es de carácter marcadamente neokantiano con referencias explícitas de Ortega a Paul Natorp. Y es que Ortega está muy influido por la filosofía alemana y sobre todo por el pensamiento kantiano,

13 Para Kant, la virtud no consiste en "ser feliz", sino en hacerse "digno de ser feliz".

14 Son constantes las referencias de Ortega a la idea del deber en su mocedad, como por ejemplo cuando dice en 1909 que "la comunidad verdadera es la comunidad de trabajo" y que "el deber primario del hombre es ser un trabajador", o también más adelante en este mismo trabajo afirma: "El socialismo antes y más que una necesidad económica es un deber, una virtud, una moral" (*[La ciencia y la religión como problemas políticos]*, OC, VII: 136).

aunque también referirá Ortega varias veces la filosofía de Fichte[15] —*para quien el fin del individuo es el goce, el fin de la humanidad, del yo humano, la cultura*—. Ortega afirma: "Vean ustedes, pues, como el sentido de la filosofía no es otro que establecer las leyes que constituyen el yo humano intelectual y moral para que ajustemos a él nuestro yo individual, el yo de la sensación, del parecer, del instinto, del capricho" (*Lección del Quince de diciembre [Escuela Superior del Magisterio]*, OC, VII: 140). Y algo similar repite en 1910 en *La pedagogía social como programa político*, cuando dice: "Cada uno de nosotros tiene sus caprichos, sus amores y odios personales, sus apetitos propios. Mas a la vera de ese mundo sólo nuestro, de ese *yo* individual y caprichoso, hay otro *yo* que piensa la verdad común a todos, la bondad general, la universal belleza" (*La pedagogía social como programa político*, OC, II: 94).

Nos encontramos ante una noción de virtud que se alimenta de esta filosofía idealista y universalista y que presenta un claro carácter cosmopolita, a tenor de las referencias de Ortega a lo común/universal, o al yo humano y a la humanidad en Fichte, y cuyo fin no es otro que transportarnos de "este nuestro salvaje yo individual a ese yo de las normas, de las leyes, de la humanidad" (*Lección del Quince de diciembre [Escuela Superior del Magisterio]*, OC, VII: 140). Una virtud del cosmopolitismo cuyas raíces el filósofo español localiza en el pensamiento alemán en lo que podríamos denominar su germanismo de mocedad que es el que define su europeísmo al que ya nos referimos con anterioridad. En 1908, en *La solidaridad alemana* dice que "los grandes germanos muertos, que enseñaron la virtud moderna del cosmopolitismo" (*La solidaridad alemana*, OC, I: 138).[16]

15 Véase de Johan Gottlieb Fichte, *Essais philosophiques choisis:* (1794–1795) / J. G. Fichte; traduction par Luc Ferry et Alain Renaut; présentation par Alexis Philonenko, Paris, Librairie Philosophique J. Vrin, 1984. Y también: *Primera y segunda introducción a la teoría de la ciencia* / por Juan Teófilo Fichte; traducción de José Gaos. Madrid: Revista de Occidente, cop. 1934.

16 Frente a la modernidad nos encontramos con la virtud en la Edad Media: "Para la Edad Media, el pecado representativo es la concupiscencia: el diablo es más bien la diablesa Venus. La inmoralidad es la lujuria. La virtud central de aquella ética es la castidad. A esta moral llamo visigótica. Y ésta es la moral del señor fiscal del Supremo" (*La moral visigótica*, OC, I:167).

4. A modo de breve conclusión. La virtud ética del *socialismo cultural* en el joven Ortega

La moralidad es vinculada por Ortega a las ideas de ciencia y virtud como parte de lo que aquel entiende por cultura, y por lo tanto no responde aquella a nada instintivo. Unas ideas que Ortega, siguiendo la tradición del pensamiento clásico griego y sobre todo la obra de Platón —quien no haya meditado a Platón, dice Ortega en 1910, "tiene menos peso específico, dentro de la zoología, que quien lo haya glosado" (*La teología de Renán*, OC, I, 334)—, encomienda al socialismo, al que se refiere expresamente desde la figura de Saint-Simon:[17]

> En tanto es el hombre hombre, dice el filósofo español en 1909, en cuanto es capaz de ciencia y de virtud, de cultura. Éste es el sentido grandioso del socialismo iniciado por Saint- Simon —éste es el contenido inagotable de la idea democracia: es preciso que se coloque a todos los hombres en condiciones de ser plenamente hombres. Hombre no es el que come mejor: hombre es el que piensa y se comporta con rígida moralidad. El comer, el vestir, todo lo económico no es más que un medio para la cultura.

El socialismo de Marx es, como veis, dice Ortega en este mismo escrito de 1909, "sólo el medio para conquistar el socialismo cultural. La socialización de los instrumentos de producción es el medio para socializar la ciencia, la virtud" (Véase *[La ciencia y la religión como problemas políticos]*, OC, VII:131 y ss.).

17 Junto a Saint-Simon y la obra de Platón, existen otros movimientos que influyeron en la configuración del socialismo ético orteguiano: el movimiento neokantiano, representado por Herman Cohen (1842–1918) y Paul Natorp (1854–1924) —este último, estudioso de la obra de Platón. Ortega cita en 1910 la obra de su maestro Paul Natorp, *Platos Ideenlehre*, 1903, página 111 (Véase *[El hecho de que existan cosas]*, OC, VII: 200)—, el fabianismo anglosajón —véase para todo lo relacionado con la importancia e influencia del fabianismo anglosajón en Ortega, Fox, 1988: 343 y ss. —, y la socialdemocracia alemana o el socialismo nacional/nacionalizador y democrático alemán de Fernando Lasalle, sin olvidar tampoco las alusiones de Ortega al socialismo español representado en la figura de Pablo Iglesias, santo laico, junto a Francisco Giner, *los europeos máximos de España*.

Ortega vincula el socialismo con la idea de virtud, pues "para mí socialismo es la palabra nueva, la palabra de comunión y de comunidad, la palabra eucarística que simboliza todas las virtudes novísimas y fecundas, todas las afirmaciones y todas las construcciones" (*[La ciencia y la religión como problemas políticos]*, OC, VII: 131). El socialismo —como ya dijimos anteriormente en una nota a pie de página— antes y más que una necesidad económica "es un deber, una virtud, una moral: es la veracidad científica, es la justicia —¿qué es la justicia sino la caridad científica superando la caridad sentimental del Evangelio? Ved aquí la otra misión capital del socialismo: hacer laica la virtud" (Véase *[La ciencia y la religión como problemas políticos]*, OC, VII: 136).

Se trata de un socialismo cultural que impulsa una rígida moralidad y sobre todo un ideal de ciencia como virtud en el que Ortega confía de forma plena. En *El Imparcial*, 27 de agosto de 1908: "Yo espero de la ciencia el descubrimiento de la virtud", simbolizando aquella la edad moderna que, según el filósofo, "ha traído sus nuevas virtudes, los deberes públicos y sociales. Son virtudes terrenas, virtudes municipales, virtudes laicas. Aquí se nos ofrece la cuestión moral española: hay que hacer laica la virtud y hay que inyectar en nuestra raza la moralidad social. La grande esperanza que pongo en la ciencia consiste en ese descubrimiento del mundo moral". Un pueblo chabacano, advierte Ortega en *La cuestión moral* (1908),

> ebrio de erotismo senil, sin alegría ni respetuosidad, no puede elevarse espontáneamente, por empuje cordial, a la conciencia de la virtud. Las nuevas virtudes son letra muerta, tanto para la fe del carbonero como para el escepticismo del carbonero. La justicia política es la matemática de la caridad; la veracidad es la lógica imponiéndose a la sinceridad. Son virtudes de origen especulativo y empolladas en el cerebro labran lentamente su nido en el corazón. (*La cuestión moral*, O.C, I: 212)

La ciencia ha obtenido la nueva moral, dice el filósofo en este último trabajo, "destilando en su alquitara las viejas morales instintivas". Sin embargo, advierte Ortega: "No me lleva un prurito intelectualista a simbolizar en el ejercicio de la ciencia la solución de todos nuestros problemas. En el proceso dinámico de la humanidad son igualmente originarias la acción intelectual, la acción volitiva y la sentimental" (*La cuestión moral*, O.C, I: 211 y s.).

Aun cuando Ortega no reste valor ni a la voluntad ni a los sentimientos, será al conocimiento científico al que se encomiende con más ahínco. En, *Faro*, 10 de mayo de 1908, dice Ortega:

> Lo que ha hecho al hombre hombre es la ciencia; la primera virtud moderna será, pues, la sabiduría, el ejercicio de la ciencia. En este sentido debiera reformarse la noción vulgar de moral pública. El ejercicio de la sexualidad pertenece a un orden secundario dentro de la ética moderna. No es la pureza el primer deber del hombre, sino la sabiduría; no es la lujuria el gran pecado, sino la ignorancia. (*La moral visigótica*, OC, I: 168)

Bibliogafía

Aranguren, J. L. L. (1966), *La ética de Ortega*, Madrid, Taurus.

Aristóteles (1994), *Ética a Nicómaco*, traducción por María Araujo y Julián Marías, introducción y notas de Julián Marías, Madrid, Centro de Estudios Constitucionales.

Cassirer, E., Cohen, H. y Natorp, P. (1998), *L'École de Marburg*, préface par Massimo Ferrari, Les Éditons du Cerf., París.

Cerezo Galán, P. (1984), *La voluntad de aventura. Aproximamiento crítico al pensamiento de Ortega y Gasset*, Barcelona, Ariel.

Díaz Álvarez, J. M. (2010), "La virtud", en *La aventura de la moralidad (Paradigmas, fronteras y problemas de la ética)*, Gómez, C., y Muguerza, J. (eds.), Madrid, Alianza, pp. 405–443.

Fichte, J. G. (1934), *Primera y segunda introducción a la teoría de la ciencia* /por Juan Teófilo Fichte. Traducción de José Gaos. Madrid, Revista de Occidente.

Fichte, J. G. (1984), *Essais philosophiques choisis:* (1794–1795) / J. G. Fichte.

Traduction par Luc Ferry et Alain Renaut; présentation par Alexis Philonenko. Paris, Librairie Philosophique J. Vrin.

Gómez, C., y Muguerza, J. (eds.) (2010), *La aventura de la moralidad (Paradigmas, fronteras y problemas de la ética)*, Madrid, Alianza Editorial.

Kant, I. (1989), *La metafísica de las costumbres*, traducción y notas de Adela Cortina y Jesús Conil Sancho, Madrid, Tecnos.

Natorp, P. (1975), *Propedéutica filosófica, Kant y la Escuela de Marburgo y Curso de Pedagogía social*, México, Editorial Porrúa.

Nietzsche, F. (1980), *El Anticristo*, traducción, introducción y notas de Andrés Sánchez Pascual, Madrid, Alianza.

Nietzsche, F. (1985), *Ecce homo*, traducción de Andrés Sánchez Pascual, Madrid, Alianza.

Ortega y Gasset, J. (2004–2010), *Obras completes*, Madrid, Taurus-Fundación José Ortega y Gasset.

Ortega y Gasset, J. (1991), *Cartas de un joven español (1891–1908)*, edición y notas de Soledad Ortega, prólogo de V. Cacho Viu, Madrid, El Arquero.

Platón (1914), *Platonis Euthipro; Apologia Socratios; Crito; Phaedo/post Carolum Fridericum hermannum; recognovit Martinus Wohlrab*. Ed. Stereotypa, Lipsiae, B. G. Teubneri, Steingaden.
Platón (1920/1985), *Oeuvres completes*, texte établi et traduit par Maurice Croiset, Paris, Les Belles Letres.
Platón (1931), *Platón el divino: diálogos platónicos*, traducción directa por Emeterio Mazorriaga, Madrid, Librería y Casa Editorial Hernando.
Platón (2010), *Fedro*. Introducción, traducción, notas y comentario de Armando Poratti, Madrid, Akal.
Platón (2006), *El Banquete*, Madrid, Tecnos.
San Martín, J. (2000), "La ética de Ortega: nuevas perspectivas", *Revista de Estudios Orteguianos*, 1, pp. 151–158.
San Martín, J. (2012), *La fenomenología de Ortega y Gasset*, Madrid, Biblioteca Nueva.

JUAN BAGUR TALTAVULL

Algunos apuntes sobre la tensión entre identidad individual e identidad nacional a la luz del pensamiento de Ortega

1. Introducción

La Edad Contemporánea, iniciada a finales del siglo XVIII, puede definirse de muchas maneras. Una de las que ha sido más corriente ha sido aquella que la explica como un proceso de ampliación de los ámbitos de libertad del individuo. Según esta narrativa, a lo largo de los siglos XIX y XX fue consolidándose un proceso que, según una interpretación hoy en día desechada, llegó a su final con la caída de la Unión Soviética en 1991. En ese momento, la corriente individualista, capitalista y liberal habría arrasado con el último de los diques colectivistas que se oponían a su avance, que lo había resistido tras acabar con el colectivismo nazi-fascista en 1939–1945, y el absolutista del Antiguo Régimen y sus reminiscencias entre los siglos XVIII y XIX. Como es sabido, fue Francis Fukuyama quien hizo esta propuesta que también él ha tratado de corregir, porque según vio su crítico Samuel Huntington, a la era democrático-liberal ha sucedido una era de las identidades. O por lo menos esto piensan quienes mantienen el proyecto ilustrado de construcción de una sociedad de individuos libres e iguales que solamente responden ante el tribunal de la razón. No así aquellos que, aunque sea con matices, plantean sin reconocerlo que Fukuyama tenía razón, porque afirman que hoy en día el llamado “neoliberalismo” lo impregna todo, y caminamos hacia una sociedad en la que impera la anomia y la comunidad ha sido desterrada.[1] Así pues, el mundo del siglo XXI nos presenta a dos bandos enfrentados: por un lado, quienes se consideran herederos de la Ilustración y apuestan por la globalización; y por otro, los que defienden, ya sea enfrentándose al planteamiento ilustrado o tratando de corregirlo, la existencia de identidades que no han de ser sometidas por la "globalización" o el "globalismo". Algo interesante es que, tanto en una perspectiva como en la otra encontramos actores políticos y pensadores de derechas y de izquierdas.

Pero la historia es mucho más compleja de lo que cualquiera de estos esquemas parece indicar, porque lo cierto es que la tensión entre individuo e identidad ha existido desde los orígenes de la revolución liberal, y también ha generado discusiones entre los integrantes de ideologías socialistas y nacionalistas. Tal y como vio Jürgen Habermas, es un hecho que nacionalismo y liberalismo fueron de la mano en el siglo XIX. No es cierto el metarrelato que plantea que el segundo siempre ha luchado contra cualquier forma de identidad colectiva, puesto que fue únicamente a finales del siglo XIX cuando el nacionalismo empezó a identificarse con ideologías reaccionarias y antiliberales (Fusi, 2016: 15). La pregunta que acertadamente nos lanzó Habermas es si aquella unión fue contingente o substancial. Esto es, si nacionalistas y liberales caminaron juntos porque el interés exigido por las circunstancias así lo señalaba, o si lo hicieron porque la naturaleza de sus exigencias requiere de su complementariedad con independencia de factores sociohistóricos. El propio Habermas fue partidario de la primera respuesta, defendiendo una "identidad postnacional" que tendría su paradigma en la Unión Europea. Pero otros muchos autores defienden lo segundo, siendo uno de sus casos más interesantes el de Yuli Tamir (2019: 155–165). Según esta autora israelí no es posible, dadas las circunstancias del siglo XXI, mantener una democracia liberal sin la existencia de una fuerte identidad nacional.

En el fondo de este enfrentamiento dialéctico subyace la tensión derivada de tres dualidades: entre razón y emoción, proyecto y tradición, e individuo e identidad. Según cómo se resuelvan se optará por una visión u otra de la nación, y una narrativa diferente de los acontecimientos del presente.

1 En un libro reciente, José Luis Villacañas (2020) sostiene que el neoliberalismo es la "teología política" más perfectamente constituida hasta la fecha, pues ha logrado impregnar todos los ámbitos de la existencia.

Uno de los filósofos europeos que aportaron reflexiones más interesantes al respecto fue el español José Ortega y Gasset, a quien tendremos como referencia en este capítulo.

2. La tensión entre razón y emoción: ¿Posmodernismo o neomodernismo?

El proyecto liberal suele identificarse con la Ilustración, mientras que el nacionalismo suele describirse como una derivación del romanticismo y su exaltación de las emociones y sentimientos. De hecho, hoy en día no faltan quienes consideran que la defensa de una identidad no individual es por definición reaccionaria y antiliberal (Ovejero, 2018). Pero lo cierto es que el nacionalismo tiene fuentes en el pensamiento ilustrado, por lo menos en la variante que se desarrolló en el siglo XVIII para enfrentarse al Antiguo Régimen.[2] A la vez, los críticos con el proyecto ilustrado suelen negar la primacía del individuo racional sobre la comunidad, y minusvaloran la identidad no colectiva reivindicando los límites de la razón. En el fondo existe un debate en torno a la modernidad y sus consecuencias, que describió Jean-François Lyotard en los setenta a través de su famoso libro. Pero la "condición postmoderna" tuvo un precedente histórico, una "primera post-modernidad" (Sanz: 2003: 62) dada a finales del siglo XIX. Fue entonces cuando comenzó la crisis del positivismo, que había impregnado la mentalidad de políticos y filósofos llevando a su máxima extensión el racionalismo. Los motivos fueron varios, pero entre ellos destaca el descubrimiento del componente irracional de la psique humana, y la crisis del optimismo progresista. A partir de entonces filosofías irracionalistas como la de Nietzsche se convirtieron en el nuevo referente, y poco a poco se extendió la idea de que razón y vida eran categorías opuestas. Según Julián

2 En este sentido, Benedict Anderson (2013: 21 y 29) recordó que el nacionalismo como ideología surgió en el siglo XVIII, precisamente en el momento de crepúsculo de la religión como fundamento de la política. También Habermas (2000: 30–33; 2002: 89) enfatizó esta cuestión, derivando la propuesta de patriotismo constitucional a partir de los proyectos nacionales de ilustrados europeos y norteamericanos.

Marías (1991: 33), la gran tarea filosófica del siglo XX consistiría en resolver esta tensión, que hoy en día todavía parece abierta por aquellos que solamente aceptan la razón si es absoluta, y la vida si es un mero impulso irracional.

Sin embargo, José Ortega y Gasset terció entre los dos movimientos, viajando filosóficamente más allá de los límites de Kant y de Nietzsche. En su adolescencia admiró al segundo, y tras vivir en Alemania en varias ocasiones durante 1905 y 1908, se adscribió a la herencia neokantiana del primero. Sin embargo, entre 1912 y 1914 vivió un "giro fenomenológico" que le llevaría a plantear en *Meditaciones del Quijote* (1914) una visión diferente de la tensión entre las dos categorías: no absolutizaba ni la una ni la otra, sino que proponía una "razón vital" que las conciliaba. Postulaba una antropología fundamentada en que "yo soy yo y mi circunstancia", esto es, que la identidad humana se fundamenta en la vida como categoría primera, y que esta incluye una mente encarnada en espacio y tiempo. O lo que es lo mismo, en la historia, motivo por el que con el paso del tiempo su propuesta se denominaría "razón histórica". Existe un debate en el que no entraremos, acerca de si hay diferencia entre la "razón vital" y la "razón histórica", pero en todo caso se da una continuidad entre ambas categorías, con las que nos ofrece soluciones para defender la razón sin idolatrarla como si fuera un Dios omnisciente. En "El tema de nuestro tiempo" (1923), Ortega (2012: 578–583) planteó que la razón debía estar al servicio de la vida, y no al revés, y manifestó su oposición a la modernidad. Reducía este concepto al idealismo filosófico que habría comenzado con Descartes, y que escindió la mente de la vida en la que estaba inserta. Pero tampoco defendía un vitalismo que despreciara la razón y exaltara la dimensión impulsiva del hombre. Él pretendía la integración de todos los factores dentro de la vida, y que la razón era un órgano necesario para su desarrollo. Lo que hacía era negar el mito del "fantasma en la máquina" (Pinker, 2003: 30), pues su oposición al dualismo cartesiano también significaba reconocer que el hombre no es una simple mente trabajando más allá de espacio y tiempo.

Conforme a lo que plantea la psicología moderna al hablar de cuestiones como la "bioculturalidad"[3] consideraba que el ser humano es un

3 Mejorando esta tesis, el especialista en psicología cognitiva Juan Ignacio Pozo (2011: 41–65) habla de las "jerarquías estratificadas" que componen al ser humano, que incluyen varios sistemas —físico, biológico, cognitivo y de conocimiento— que se relacionan de manera jerárquica porque cada uno restringe las posibilidades de desarrollo del siguiente.

ente integral incluso biológicamente hablando, porque el cerebro humano está encarnado en un cuerpo cuyos órganos y acciones interactúan con su psique. Hoy en día sabemos que los dos elementos están íntimamente ligados, y que esto tiene consecuencias en la política y, previamente, en la configuración de una identidad cultural. Así lo muestra Georg Lakoff (2016: 26–59) a través de una noción que Ortega tuvo muy presente: la metáfora. El experto en lingüística cognitiva sostiene que, según la educación recibida por el niño, su cerebro se irá moldeando en una u otra dirección, pues las conexiones sinápticas de este órgano dependen en gran medida de los estímulos ofrecidos durante los primeros años de vida. El resultado es la asunción de una serie de marcos cognitivos para aprehender el mundo, una perspectiva sustentada en la metáfora, que en el caso de la visión de la nación dan lugar a la idea del "strict father" o del "Nurturant Parent".[4] Frente a lo defendido por un racionalismo frío y absolutizador, ocurre que la psique humana y las metáforas de ella derivadas no únicamente no son irracionales, sino fundamento del raciocinio. Ortega lo intuyó al ver en la metáfora una vía de acceso privilegiada a la realidad, aunque tal vez no desarrolló del todo las posibilidades de sus reflexiones. Pero llegó a percibir, como dijera Julián Marías (1973: 16), que es un "instrumento mental imprescindible", y todavía más, una "forma de pensamiento científico". Así es porque para Ortega la existencia es "realidad ejecutiva", no un objeto al que adaptar la conciencia, sino un misterio a descubrir, siendo la metáfora un método de acercamiento que une la intimidad del hombre, que excava en sí para encontrar significados, y el objeto estudiado con el que se identifica. De ahí que, según Pedro Cerezo (1996: 116), el mito no sea una falsificación de la realidad, sino un método complementario de la ideología dentro de la construcción del imaginario social. Así lo sostenía en los años veinte, pero depurará la interpretación para hablar de las creencias en este sentido en las décadas siguientes.

4 Es decir, todos asumimos la metáfora de la nación como una familia para comprenderla. Pero el contenido que le demos se deriva de qué entendamos por familia: si hemos recibido una educación estricta será una cosa —defensa de la responsabilidad individual y la justicia, entre otras cuestiones— y si ha sido más amistosa, otra muy diferente —ayudar a los más débiles, por ejemplo—.

En cualquier caso, Ortega (2004a: 166–167) se presentaba en 1916 como "nada *moderno*; pero muy *siglo XX*", porque parecía proponer una nueva era en la historia del pensamiento. No era posmoderno, porque aceptaba la importancia de la razón. Tal vez se le podría considerar neomoderno, en tanto que renovaba la razón, o defensor de una modernidad alternativa a la postulada desde el dualismo cartesiano. En cualquier caso, Ortega puede enseñarnos todavía muchas cosas para el siglo XXI: se puede defender la razón sin caer en la exaltación del *Homo oeconomicus* frío y calculador. No hace falta construir un mundo de individuos sin identidad colectiva para no caer en la sinrazón; y a la vez, tampoco es menester aceptar lo irremediable de la exaltación de las pasiones colectivas si queremos evitar la anomia social. Frente a las dos posturas, todavía hoy podemos aceptar que el hombre es un ser integral, en el que conviven pasiones y razones, y donde la identidad común se puede compatibilizar con la autonomía individual. A continuación, veremos cómo.

3. La tensión entre individuo y colectividad: la integración frente a la absolutización

Desde hace siglos, o milenios, los filósofos se han preguntado si el hombre tiene capacidad para desarrollar su potencial en tanto que individuo, o si ha de hacerlo inexorablemente como parte de una sociedad. Y de forma más radical, incluso se ha planteado si existen propiamente el individuo —recordemos a los totalitarismos de diverso signo que lo han negado— o la sociedad —por poner un ejemplo, Margaret Thatcher lo negó al decir que solamente existían individuos y familias—. Actualmente, los llamados "neoliberales" suelen ser los mayores partidarios de la primera tesis, o al menos esta es la característica que recurrentemente se les atribuye. Pero también hay quienes acusan a la "nueva izquierda" de haber caído en el mismo paradigma al exaltar los derechos e identidades individuales frente a la conciencia de clase. En cualquier caso, sigue siendo importante preguntarnos si es posible que el individuo asuma una identidad social, como la nacional, o si existe incompatibilidad de base. Ortega, de nuevo, nos ofrece interesantes reflexiones.

Para entenderlas tenemos que recurrir de nuevo a la frase fundacional de su filosofía: "yo soy yo y mi circunstancia y si no la salvo a ella no me salvo yo". Con esta expresión nos ofrece un proyecto del que destacaremos dos dimensiones: su planteamiento antropológico, y su proyecto político. En relación con lo primero, se ha de decir que la circunstancia que influye en el alma o mente humana no únicamente se refiere al cuerpo en el que está encarnada, sino también al contexto espacio-temporal, ergo social, en el que el individuo se ubica. Incluye el conjunto de realidades sociales, políticas, usos sociales —ideas y creencias según el matiz que hará durante su madurez— a las que el yo humano responde, y del que extrae herramientas para interactuar con el mundo. La circunstancia es un límite, que nos ayuda a huir de las utopías abstractas y nos permite acercarnos a la realidad objetiva. Forma parte de nuestro yo porque nos indica por lo tanto dónde actuar, cómo hacerlo, y con quién.

Uno de esos elementos que rodean al individuo es la nación. En sus primeros años, vinculados al idealismo filosófico, Ortega consideró que la nación era una realidad a construir, identificada con la Idea de los neokantianos. Era una simple vía para alcanzar lo auténticamente importante: la humanidad. Pero todo cambió desde que en 1914 aceptó lo inexorable de tener en cuenta la realidad objetiva, porque esta incluía la nación. No porque ofreciera un lengua, religión o cultura particular, sino porque era el espacio en el que se resolvía la interacción de los individuos, desde la Edad Media y todavía en el siglo XX. La cuestión no era nación sí o nación no, sino nación liberal o nación antiliberal. En "Vieja y nueva política", discurso con el que saltó a la arena política española en 1914, Ortega (2004b: 736) presentó el proyecto de "liberalismo y nacionalización" como centro de su programa.

El liberalismo orteguiano fue pasando por varias fases, desde uno más cercano al socialismo, hasta otro más conservador; pero en cualquier caso, se identificó con lo que Isaiah Berlin (1969: 118–172) llamó "libertad negativa". Lo expuso muy bien en un texto de 1925, al distinguirlo de la democracia. En "Notas del vago estío" Ortega (2012: 541–542) escribió: "Democracia y liberalismo son dos respuestas a dos cuestiones de derecho político completamente distintas". La primera, a la cuestión de quién ejerce el poder, y la segunda, a la de sus límites. La contestación que da la democracia a su pregunta es que el origen del poder está en el pueblo, y la que ofrece el liberalismo a la suya es que los límites están en los derechos previos de la persona. Es una reflexión muy interesante para el siglo XXI, en el que la democracia se ha sacralizado sin entender que, sin el liberalismo, puede llevar a la tiranía muy rápidamente. El propio Ortega (2006: 568) recordó en los años cuarenta que en su época existían democracias antiliberales —se referiría así a las democracias populares de la Guerra Fría—, y hoy en día existen democracias iliberales, tanto las que se autodenominan así desde la derecha, como las que son herederas de las fundadas por el comunismo.

Frente unos y otros, hoy Ortega estaría en el lado de quienes sostienen que el liberalismo es el eje vertebrador de la convivencia política, y la mejor garantía para evitar tanto las consecuencias de la corruptibilidad humana y su tendencia al mal como la convicción de que es tarea del poder político imponer y/o garantizar un proyecto colectivo substancial y totalizador a los individuos. En relación con el primer aspecto, es una constante en el pensamiento liberal la convicción de que el poder corrompe al ser humano, y que por ello ha sido una nota fundamental en el proceso civilizatorio la imposición de limitaciones a la capacidad de acción de los poderes públicos (Smith and Miers, 2011: 3–16). Ortega asumió en parte un metarrelato histórico fundamentado en esta convicción, que plasmó en interesantes reflexiones sobre la Edad Media primero y, más tarde, también de la historia de Roma. El primer aspecto lo expuso en "Ideas de los castillos", un artículo de 1927 que recoge la influencia de Ernest Renan, donde sostuvo que el espíritu liberal procedía del feudalismo, en el que los señores tenían como objetivo garantizar la posesión de su tierra y evitar que los monarcas la adquirieran. El castillo que señalaba los límites de la acción del rey era un símbolo que, con los siglos, podían asumir los liberales, cuya individualidad debía estar protegida frente al Estado. Más adelante, la *libertas* fue junto con la *concordia* la idea que Ortega (2006: 83–132) extrajo de la historia, en este caso de Roma, para defender su propuesta política. Lo hizo en "Del Imperio romano" (1941), donde precisamente cita el texto de 1927, aunque ahora lo presente matizado por la teoría de los usos sociales. La nación no se compone de un espíritu colectivo o *Volkgeist*, sino que según Ortega (2010: 257, 284 y 287) constituye una "ingente arquitectura usual", es decir, un tejido de costumbres, creencias e ideas que se ensamblan entre sí. La *libertas* no es por lo tanto un conjunto de libertades aisladas, sino un sistema de vida que garantiza la posibilidad de que el individuo pueda desarrollar su proyecto de vida.

El liberalismo orteguiano es, por lo tanto, compatible con la nación, porque la *concordia* precisamente alude a la necesidad de que las personas acepten el sistema de usos sociales en el que se insertan, de manera que la *libertas* sea posible. Vivir concordes significa aceptar que, aunque cada uno tenga su proyecto de vida, tiene que adaptarse a la circunstancia en la que inexorablemente debe desarrollarse. Lo contrario es lo que llamó "particularismo", un concepto al que dio forma en *España invertebrada* (1922). Se refiere al hecho de que un individuo o clase social defienda sus intereses únicos desentendiéndose de los demás. Es una consecuencia del subjetivismo, que no tiene en cuenta la necesidad de contar con los otros para desarrollar la vocación personal, y se manifiesta tanto en las clases sociales como en las regiones. Lo contrario de lo particular es lo nacional, y de ahí que para el filósofo la nacionalización significara la construcción de la sociedad como una comunidad que integrara todos los intereses. Sin imponer ninguno, porque esto sería contrario al liberalismo tal y como lo entendía, pero tampoco permitiendo que una persona no pudiera llevar a cabo su vocación individual. Para vivir había que "con-vivir", porque si la vida es circunstancia, y esta incluye a los demás, no es posible el individualismo. Este es una mera abstracción, contraria a la lógica y naturaleza de la historia, mientras que la nación es el espacio donde la convivencia fue posible desde la configuración de los Estados del siglo XIX. De hecho, insiste en varias ocasiones en otro aspecto, que es la importancia del Parlamento como garante de la estabilidad nacional. En 1922 Ortega (2012: 387–388) escribió que es "la única institución donde no tenemos más remedio que contar los unos con los otros". Así es porque "las Cortes son la institución nacional por excelencia, ya que en ellas se ven obligados los innumerables particularismos a enfrontarse unos con otros, a limitarse, domesticarse y nacionalizarse".

El español escribió estas palabras en un contexto de grave crisis del liberalismo, que parecía una reliquia decimonónica que tenía que abrir paso a lo moderno: el autoritarismo y el totalitarismo, tanto el de derecha como el de izquierda. 1922 fue en este sentido una fecha de gran simbolismo, porque Mussolini inició la implantación del fascismo en Italia, y el Tratado de Creación de la URSS consolidó el sistema comunista implantado en 1917. Ortega reivindicaba la tradición liberal británica, y por ello era muy crítico con la Revolución francesa de 1789, pues consideraba que era la proyección política del utopismo intelectual. No únicamente porque, al contrario de la Revolución inglesa de 1648/88 o la Revolución americana de 1776, desechó la importancia de la circunstancia sociohistórica, sino también porque se fundamentaba en la "voluntad general" roussoniana. Un auténtico oxímoron, puesto que la voluntad solamente es individual, aunque pueda servir como metáfora que organice la acción política. Sin embargo, hoy en día es peligrosa al haberse truncado en "voluntad colectiva" de la mano de los populismos. Como es sabido, estos se fundamentan en un mecanismo muy sencillo: oponer al pueblo y la élite, atribuyendo a la segunda el origen de todos los males, y al primero un carácter virtuoso y regenerador que se fundamenta en el presente y no el pasado (Villacañas, 2015: 73). Es una actitud que muchas veces se disfraza de patriótica o nacional, porque se atribuye a los gobernantes un carácter antinacional, ya sea por identificarse con elites supranacionales, o con intereses privados desentendidos de lo público. Pero en la realidad, el populismo es profundamente antinacional, porque el proyecto común presupone la concordia, y todo populismo es contradictorio porque el llamado "pueblo" nunca representa a la nación entera. Se pretende que así sea, de suerte que toda la retórica de los líderes populistas se fundamenta en este mito. Pero lo cierto es que, por muy numerosos que sean sus apoyos, nunca encarnan la voluntad de todos los grupos sociales y políticos, que también son parte de la nación. Por el contrario, los partidos políticos liberales aceptan que, por muy numerosos que sean sus defensores, ellos representan solamente a un sector de la población. No son la nación, sino una parte de la misma, y por ello aceptan que el centro de la acción política es el Parlamento y no la calle.

Así pues, una agrupación política, que por definición siempre representa a una parte de la sociedad, tiene dos posibilidades a la hora de presentarse: si opta por defender sus intereses particulares a costa de los demás, y todavía más, diciendo representar a los de toda la sociedad, se trata de un movimiento absolutizador. Negando la realidad humana, pretende que los proyectos de los demás se sometan al propio. Por el contrario, se puede tomar el camino de aceptar que los intereses y proyectos son plurales, y que muchas veces son también complementarios. En este caso se apuesta por la integración, que constituye la base del proyecto nacional entendido al modo de Ortega.

4. La tensión entre proyecto y tradición: la sugestión de lo común

Esta dualidad, entre la tradición recibida y el proyecto construido, es fundamental en el debate sobre la identidad nacional, y el peso que se dé a uno u otro factor es uno de los factores determinantes a la hora de entender el significado que se le atribuye. Incluso constituye en ciertos contextos políticos lo que diferencia al nacionalismo del patriotismo, ya que por lo general en los países occidentales —no suele ser así en los de otros territorios— el primer concepto se vincula con el pasado y el segundo con el futuro, o por lo menos, con el conservadurismo y el liberalismo de forma respectiva. No obstante, esta categorización es más bien una construcción ideológica, porque desde el punto de vista historiográfico la diferencia no es tan clara. Autores como Mikel Aizpuru (2011: 830) sostienen que el patriotismo es una forma más de nacionalismo, a la que se cambia el nombre para hacerlo atractivo; y Álvarez Junco (2015: 306) recuerda un dato muy interesante para el caso de España: en la primera de las guerras civiles contemporáneas —la carlista de 1833 a 1840—, los tradicionalistas luchaban por la patria y los liberales por la nación; mientras que en la última de ellas —la de 1936 a 1939—, los términos parecían invertirse porque los tradicionalistas asumían el viejo concepto liberal dentro del bando autodenominado nacional. Lo peculiar es que todos ellos luchaban por una idea de nación/patria concreta, y el concepto utilizado era el que en cada contexto definía mejor la dimensión temporal que querían resaltar.

En cualquier caso, lo que indica esta situación es que la nación permite al ser humano orientarse en el mundo en el que es lanzado, no únicamente a nivel espacial, como es obvio, sino también temporal. Esto es, la nación es un marco cognitivo (Archilés, 2009: 73), una ventana que permite a la persona comprender el mundo, construyéndose un mapa de significados que da sentido a dos necesidades psicológicas y espirituales: conocer el contexto en el que estamos, y comprender aquel al que nos dirigimos. Pero se trata de un camino que el individuo no puede recorrer en soledad, dada su naturaleza social, y por ello se integra en una comunidad para alcanzar su meta. De ahí que la comunidad nacional sea en definitiva una construcción que dota de sentido a la comunidad política permitiendo que el individuo se desarrolle. En esta línea, Jonathan Haidt (2013: 238) argumenta que el ser humano es en esencia un ente al que define la "intencionalidad compartida". Demuestra que nuestro cerebro ha evolucionado para integrarse en proyectos comunes, en el que cada persona encuentra su lugar y se complementa con los demás. Según ya planteaban filósofos y psicólogos, el proceso evolutivo se basa en la especialización de funciones —a nivel orgánico en cada persona, y grupal en el conjunto social—, y nuestra mente se ha desarrollado de manera que sea a través de pequeños grupos como esto es posible. Nada de esto implica, por supuesto, que la nación tenga que ser inexorablemente el ámbito de la socialización del individuo proyectivo —y de hecho, desde los años treinta Ortega dará más importancia a Europa como "ultranación" que a las naciones individualmente entendidas—. Pero sí que muestra que la naturaleza humana tiende a integrarse en proyectos comunes. La nación sería una de las comunidades que podrían dar respuesta a esta situación si se fundamentan de este modo.

Ortega se habría asombrado al leer a Haidt, porque su definición de la nación es prácticamente idéntica a la que propone el estadounidense. Ciertamente, él evolucionó notablemente en su definición de la idea de nación[5], pero mantuvo la idea de que tenía un carácter proyectivo. Fue en *España invertebrada* (1922) donde ofreció la definición más interesante al respecto, diciendo que es un "proyecto sugestivo de vida en común" (Ortega, 2012: 442). Se trata de una concepción de la que debemos tener presente que, por un lado, se enmarca en una corriente de pensamiento sobre el hecho nacional que se opone al tradicionalismo. Ortega estuvo muy influido desde joven por dos de sus mayores representantes: Ernest Renan y Friedrich Nietzsche. Del primero tomó la idea de nación como "plebiscito cotidiano de todos los días" (Renan, 1983: 38), y del segundo, la opción por

5 Existe todavía un gran debate. En opinión del autor de estas líneas (Bagur, 2023), que ha dedicado recientemente un libro basado en su tesis doctoral para responder a esta cuestión, la idea de nación de Ortega pasó por cuatro fases: una etapa juvenil influida por el casticismo y Nietzsche (1883–1905), otra derivada de un patriotismo utópico de carácter neokantiano (1905–1912), el patriotismo fenomenológico que fue consecuencia de la asunción de la razón vital (1912–1932), y como un matiz de lo anterior, el patriotismo derivado de la razón histórica (1932–1955).

la *Kinderland* o "patria de los hijos" frente a la *Vaterland* o "patria de los padres" (Nietzsche, 2003: 219). Por otro lado, se trata de una definición que se ha de entender desde tres categorías del pensamiento orteguiano: la vida como proyecto, la ilusión, y la convivencia.

En relación con el primer aspecto, el filósofo habló muchas veces de que la dimensión temporal más importante en la vida humana es el futuro. Definió la vida como "futurición", y en 1935 expondría que esta convicción se fundamenta en que "la vida que nos es dada no nos es dada hecha". Es un constante "quehacer", un *faciendum* y no un *factum*, porque siempre estamos eligiendo para construirla. Pero no desde la nada, como habría planteado un defensor del utopismo, sino partiendo de la circunstancia que ofrece las herramientas para construir el proyecto (Ortega, 2006: 47, 65 y 68). En este sentido, la convivencia es fundamental, porque la circunstancia incluye la existencia de proyectos distintos al propio con los que se han de conciliar. Escribió en 1924 que "vivir es convivir, y el otro que con nosotros convive es el mundo en derredor", y que "a toda hora cometemos injusticias con nuestros prójimos juzgando mal sus actos, por olvidar que acaso se dirigen a elementos de su contorno que no existen en el nuestro" (Ortega, 2012: 752). Esto es, la existencia requiere aceptar que existen proyectos individuales, cuya resolución enriquece el nuestro particular porque son fruto de una perspectiva diferente que, como la propia, requiere de su integración para alcanzar una mirada más objetiva de la realidad. Pero además, la convivencia implica que existan proyectos colectivos, porque la resolución de muchos problemas particulares, que son iguales a los de otros individuos, requieren de la colaboración con los demás. Es lo que expuso en *La redención de las provincias* (1930) al hablar de la necesidad de que el Estado español se descentralizara en unidades regionales, pero también lo que fundamenta la existencia de una nación que constituye el ámbito de resolución de los problemas de sus individuos.

Finalmente, el proyecto que propone Ortega ha de ser ilusionante. Estuvo en contra de teorías contractualistas que explicaban el origen de la sociedad humana en términos utilitaristas, asequibles a una racionalización que organizaba a la comunidad con base en derechos y deberes. Frente a ellos, Ortega avanzó las críticas al *Homo oeconomicus*, asumiendo que las relaciones humanas también se fundamentan en emociones, y en muchos textos avanzó que la incitación generada por lo considerado valioso era una de ellas. En "El origen deportivo del Estado" de 1924 trató esta cuestión, hablando de forma peculiar del amor a la mujer como motor para la creación de las primeras sociedades humanas. Algo que después proyectaría sobre la sociedad española a diversos niveles: también en relación con las mujeres —en *Estudios sobre el amor* de 1939—, pero especialmente al tratar sus instituciones políticas. Estas pueden ser de dos tipos, dijo en 1927: o "institución freno" o "institución inquieta", y frente a la tendencia conservadora de las primeras, era menester que se establecieran aquellas que, como la República, permitían una correcta "ecuación entre los frenos y los impulsos". Si la nación estaba moribunda o excesivamente apalancada, era necesario que su Estado se reconfigurara para que recuperara la vitalidad, porque las instituciones legales son "aparatos ortopédicos" destinados a la mejoría del cuerpo social (Ortega, 2017: 815–816). El Estado era por lo tanto un medio para lograr que el proyecto colectivo entusiasmara, y por ello en 1931 escribió que "un pueblo es una gigantesca empresa histórica, la cual solo puede llevarse a cabo o sostenerse mediante la entusiasta y libre colaboración de todos los ciudadanos unidos bajo una disciplina más de espontáneo fervor que de rigor impuesto" (Ortega, 2017: 660–661).

5. Conclusión

En definitiva, Ortega es un autor que todavía puede ofrecernos algunas ideas para lidiar con los problemas del siglo XXI, en el que debates sobre la integración colectiva de los individuos, y la asunción de identidades de todo tipo, son muy importantes. Liberalismo y nación fueron dos planteamientos que en el siglo XIX trataron de responder a estas cuestiones, y sobre los que todavía podemos debatir. Son nociones multiformes, que lo mismo pueden ir juntas que separadas; y las tesis de Ortega son interesantes para tratar de conciliarlas, apostando por una identidad colectiva que no sea contraria a la existencia de proyectos individuales. Por otro lado, el pensamiento orteguiano, que en estas páginas hemos esbozado, se fundamenta en reflexiones que tienen en cuenta dos datos fundamentales de la existencia humana: la historicidad de la vida, y la limitación de la razón. La negación de las dos cosas constituye la base de la utopía, una forma de pensamiento que se opone a la existencia de condicionantes sociohistóricos a la voluntad humana. Algo que las aboca al fracaso a pesar de su atractivo, según podemos apreciar con la ola populista de nuestros días. Frente a ello es deseable buscar fórmulas que resuelvan los problemas políticos de nuestros días reconociendo las condiciones en las que se mueve la razón que ha de lograrlo. Sin pretender ofrecer ninguna resolución definitiva, hemos tratado de apuntar cómo ya un gran pensador español del siglo XX nos dio pistas para resolver las tensiones que encontraremos en el camino.

Bibliografía

Aizpuru, M. (2001), "Sobre la astenia del nacionalismo español a finales del siglo XIX y comienzos del siglo XX", *Historia contemporánea*, 23, pp. 811–849.

Álvarez Junco, J. (2015), *Mater dolorosa: la idea de España en el siglo XIX*, Madrid, Taurus.

Anderson, B. (2013), *Comunidades imaginadas: reflexiones sobre el origen y la difusión del nacionalismo*, México, Fondo de Cultura Económica.

Archilés i Cardona, F. (2009), "La nación de las mocedades de José Ortega y Gasset y el discurso del nacionalismo español (1906–1914)" en *Discursos de España en el siglo XX*, Forcadell, Carlos, Salomón, Pilar y Saz, Isamel (coords.), Valencia, Universidad de Valencia.

Bagur Taltavull, J. (2023), *España como vocación y circunstancia. La idea de nación en el pensamiento y la acción política de José Ortega y Gasset*, Madrid, Dykinson y Fundación Ortega-Marañón.

Berlin, I. (1969), *Four Essays on Liberty*, Oxford, Oxford University Press.

Cerezo, P. (1996), "Ideología y mito en *España invertebrada*" en *Política de la vitalidad: España invertebrada de José Ortega y Gasset*, López de la Vieja (ed.) (1996), Madrid, Tecnos.

Fusi, J. P. (2016), *La patria lejana*, Madrid, Taurus.

Habermas, J. (2002), *Identidades nacionales y postnacionales*, Madrid, Tecnos.

Habermas, J. (2000), *La constelación posnacional: ensayos políticos*, Barcelona, Paidós.

Haidt, J. (2013), *The Rightwous Mind. Why Good People are Divided by Politics and Religion*, London, Penguin Books.

Lakoff, G., and Wehling, E. (2008), *Your Brain's Politics. How the Science of Mind Explain the Political Divide*, Exeter, Societas.

Marías, J. (1991), *Acerca de Ortega*, Madrid, Espasa-Calpe.

Marías, J. (1973), *Ortega: circunstancia y vocación*, Madrid, Revista de Occidente.

Nietzsche, F. (2003), *Así habló Zaratustra. Un libro para todos y para nadie*, Madrid, Alianza Editorial.

Ortega y Gasset, J. (2004), "Vieja y nueva política" en *Obras completas. Tomo I (1902–1915)*, Madrid, Taurus.

Ortega y Gasset, J. (2004), "Nada *moderno* y muy *siglo XX*" en *Obras completas. Tomo II (1916)*, Madrid, Taurus.

Ortega y Gasset, J. (2006), "Del Imperio romano" en *Obras completas. Tomo VI (1941–1955)*, Madrid, Taurus.

Ortega y Gasset, J. (2006), "Discurso a los universitarios de Berlín" en *Obras completas. Tomo VI (1941–1955)*, Madrid, Taurus.

Ortega y Gasset, J. (2006), "Historia como sistema" en *Obras completas. Tomo VI (1941–1955)*, Madrid, Taurus.

Ortega y Gasset, J. (2010), "El hombre y la gente" en *Obras completas. Tomo X (1949–1955): obra póstuma e índices generales*, Madrid, Taurus.

Ortega y Gasset, J. (2012), "El tema de nuestro tiempo" en *Obras completas. Tomo III (1917–1925)*, Madrid, Taurus.

Ortega y Gasset, J. (2012), "España invertebrada" en *Obras completas. Tomo III (1917–1925)*, Madrid, Taurus.

Ortega y Gasset, J. (2012), "Ideas políticas: ejercicio normal del Parlamento" en *Obras completas. Tomo III (1917–1925)*, Madrid, Taurus.

Ortega y Gasset, J. (2012), "Las Atlántidas" en *Obras completas. Tomo III (1917–1925)*, Madrid, Taurus.

Ortega y Gasset, J. (2012), "Notas del vago estío" en *Obras completas. Tomo III (1917–1925)*, Madrid, Taurus.

Ortega y Gasset, J. (2017), "Proyecto de Constitución" en *Obras completas. Tomo IV (1926–1931)*, Madrid, Taurus.

Ortega y Gasset, J. (2017), "Agrupación al Servicio de la República. – [Manifiesto]" en *Obras completas. Tomo IV (1926–1931)*, Madrid, Taurus.

Ovejero Lucas, F. (2018), *La deriva reaccionaria de la izquierda*, Barcelona, Página indómita.

Pinker, S. (2003), *La tabla rasa: la negación moderna de la naturaleza humana*, Barcelona, Paidós.

Pozo, J. I. (2011), *Aprendices y maestros: la psicología cognitiva del aprendizaje*, Madrid, Alianza.

Renan, E. (1983), *¿Qué es una nación? Traducción y estudio preliminar de Rodrigo Fernández-Carvajal*, Madrid, Centro de Estudios Constitucionales.

Saz Campos, I. (2003), *España contra España: los nacionalismos franquistas*, Madrid, Marcial Pons.
Smith, C. and Miers, T. (2011), *Democracy and the Fall of the West*, Exeter, Societas.
Tamir, Y. (2019), *Why Nationalism?* Princeton, Princeton University Press.
Villacañas, J. L. (2020), *Neoliberalismo como teología política: Habermas, Foucault, Dardot, Laval y la historia del capitalismo contemproáneo*, Barcelona, NED.
Villacañas, J. L. (2015), *Populismo*, Madrid, La Huerta Grande.

MARCOS ALONSO

La sociedad como realidad técnica. Reflexiones desde Ortega, Sloterdijk y Mumford

1. Introducción

En este artículo se defiende la idea de que la sociedad, particularmente la sociedad humana, puede ser entendida como una elaboración técnica. Para ello nos basaremos en investigaciones científicas de las últimas décadas, en las reflexiones de autores como Sloterdijk, Mumford o Stiegler; pero principalmente en el pensamiento del filósofo español Ortega y Gasset. En una etapa muy temprana, durante la primera mitad del siglo XX, Ortega alcanzó algunas intuiciones sobre la técnica y la sociología que todavía hoy merecen ser tenidas en cuenta.

En cierto modo, puede decirse que las reflexiones sobre la técnica y la sociedad son constantes en la producción orteguiana. Si bien hay obras que destacan en cada una de estas temáticas (*Meditación de la técnica* en el ámbito de la técnica; *El hombre y la gente* en el plano sociológico); no es exagerado afirmar que estas dimensiones de la vida humana atraviesan y vertebran toda su obra. Los intérpretes orteguianos han sabido destacar la importancia de estos temas en el pensamiento de Ortega, y así tenemos ya algunos textos clave para la exégesis del madrileño en cada uno de estos ámbitos. En la sociología tenemos trabajos como los de Pellicani (1986) y Acevedo (1990). En la filosofía de la técnica, trabajos como los de Dust (1993), Diéguez (2013, 2014), o los de quien escribe (Alonso, 2018, 2019, 2020a, 2020b).

Si atendemos al lugar que estas dos cuestiones, la técnica y la sociología, tuvieron dentro del proyecto orteguiano, su papel e importancia podría parecer desigual. Mientras que la técnica aparece recurrentemente en sus obras sin que esa presencia connote una decisión deliberada y consciente por parte de Ortega; la sociología sí tuvo un tratamiento deliberado y comprensivo en su producción, especialmente desde mediados de los años 30. En esta última etapa, Ortega va a entender que uno de los proyectos intelectuales más importantes y acuciantes es desarrollar una sociología que comprenda realmente lo que es la sociedad humana en paralelo a la comprensión de la vida humana individual. Esta nueva sociología sería la base de una nueva ciencia histórica (lo que Ortega conceptualiza como *historiología*) y de, en un sentido más amplio, su proyecto de razón histórica. No podemos exponer aquí exhaustivamente la propuesta orteguiana sobre este tema, y más bien vamos a limitarnos a exponer su concepción de la sociedad como creación técnica.

2. Sociabilidad animal y sociabilidad humana

Un primer punto a destacar es que la sociedad humana no puede entenderse, en sentido estricto, de manera análoga a otras sociedades de mamíferos. En una primera aproximación, es evidente que la complejidad de las sociedades humanas no tiene parangón con ninguna sociedad de mamíferos, y, si acaso, solo puede compararse a algunas sociedades de insectos (Wilson, 1978). La diferencia, en este caso, es que los mamíferos son seres mucho más complejos que los insectos, más autosuficientes, y que por tanto no requieren ni están predispuestos biológicamente a formar grupos muy complejos.[1] Sin embargo, en el hombre sí encontramos dicha complejidad, lo cual ya nos indica que debemos entenderla como algo no enteramente natural, sino técnicamente sobrevenido. Algo que explica la constitutiva tensión en el hombre entre su tendencia al individualismo y su tendencia a la sociabilidad.

1 Los insectos, en cambio, sí están biológicamente orientados hacia ciertos tipos de sociedad. Por eso, como dice G. H. Mead, el parecido con los insectos es solo externo. Las hormigas están tan biológicamente especializadas y determinadas en cuanto a su lugar en la sociedad que, por ejemplo, las hormigas soldado ni siquiera pueden alimentarse por sí mismas (Cf. Mead, 1982: 252–255). Este mismo punto es señalado también por Bergson, quien explica que "en una sociedad humana, la fabricación y la acción son de forma variable y, además, cada individuo ha de aprender su papel, no estando predestinado a éste por su estructura" (Bergson, 1994: 146). En este sentido, una diferencia decisiva que Mead acierta a recalcar es que los insectos no forman familias (Mead, 1982: 255).

Esta relación paradójica, esta tensión entre individuo y colectividad que se da en el hombre podría explicarse por lo siguiente. La sociedad humana no está basada en la disolución del individuo en la colectividad, como sucede en muchas otras sociedades animales (sobre todos en las sociedades de algunos insectos eusociales). Esto es así por diversos motivos, pero uno de los más esclarecedores radica en su lógica reproductiva. Mientras que la sociedad que, por ejemplo, forman las hormigas gira en torno a la hormiga reina y la creación de condiciones óptimas para su labor reproductora; en la sociedad humana imperan las relaciones monógamas, que implican una reivindicación de la importancia de cada individuo. En la relación monógama, cada macho es, en cierto sentido, un macho dominante, cada hembra es una hembra dominante o reina, y cada hijo es una cría predilecta. Esto explica el inmarcesible individualismo humano, lo especial que se siente cada individuo humano —si bien todo humano es un ser también irremediable y profundamente social, al nacer en un estado de inmadurez constitutivo y necesitar de los otros (padre y madre y conjunto de la sociedad) para sobrevivir y terminar de desarrollarse—. Conjugar estas dos tendencias antagónicas no fue ni es fácil para el ser humano; y lograrlo, aunque fuera de manera precaria, ha requerido de una minuciosa labor ingenieril de milenios.

La sociedad humana, desde esta perspectiva, no puede más que presentarse a nuestros ojos como una gran creación técnica, una elaboración mediante la cual el hombre ha conseguido sobreponerse a su relativa incapacidad social natural como mamífero para formar sociedades de un tamaño y complejidad igual o superior a las de otros animales más simples. A esto parece aludir Blumenberg cuando explica que "paradójicamente, el *animal sociale* surge del hecho primordial de que en este género fracasan los rasgos específicos de género para establecer y garantizar relaciones de comportamiento" (2011: 213). La sociedad sería, desde esta perspectiva, una de las técnicas primigenias, quizás la que podríamos considerar la proto-técnica humana, en tanto que es la creación técnica matriz de toda la pléyade de técnicas posteriores. Esta concepción de la sociedad como técnica ya fue entrevista por Ortega. Los textos donde nuestro filósofo desarrolla esta idea son muy reveladores. Y a pesar de ser un tema que, como tantos otros, no desarrolló, creo que se trata de un tema de superlativa importancia, tanto para el conjunto de su filosofía como para su filosofía de la técnica, que debemos empezar a entender en un sentido más amplio del habitual.

3. Ortega sobre la artificialidad de la sociedad humana

La primera aparición de esta idea se encuentra en el texto de 1935, *Un rasgo de la vida alemana*. En este escrito, después de explicar que la sociedad está dentro de nosotros y nos configura y conforma, Ortega explica que el hombre es una entidad progresiva, en el sentido de que va acumulando su ser. El hombre es heredero, va acumulando humanidad y esto es lo que le distingue del tigre, que es siempre un primer tigre. Esta acumulación solo puede hacerse transmitiendo una tradición[2] ("la humanidad no es una especie, sino una tradición" IX 578[3]), tradición que no es otra cosa que lo que otros hombres anteriores pensaron e hicieron. Pero, se pregunta Ortega:

> ¿Quién transmitirá al individuo que nace hoy cuanto de sí mismos hicieron los individuos antepasados hasta la fecha? ¿Otro individuo? Imposible. Es preciso que muchos individuos actuales se repartan el peso de la herencia que nos viene de muchas series de individuos sucesivos. La multiplicidad sucesiva de hombres se conserva proyectándose en una multiplicidad simultánea, en los muchos hombres de hoy. Pero no basta con esto. El tesoro del pasado no puede estar a merced de que quieran o no quieran aceptarlo, sin más ni más, los individuos de hoy. Es preciso que éstos tengan que contar con ello, que lo sientan como algo que se les impone en sentido análogo a como sentimos las imposiciones de la realidad física que están ahí, queramos o no, y sin que su existencia dependa de la buena voluntad de ningún individuo[4]. (V 343)

2 "Ortega y Gasset consideraba que la diferencia más importante entre el hombre y los animales es precisamente el que los seres humanos poseen una «memoria» social, además de la memoria individual que es un atributo común a todos los animales" (Ayala, 1980: 162).

3 Para las obras de Ortega citaremos haciendo referencia al tomo de las obras completas (*Obras completas*, Taurus, 2004–2010) en numeración latina seguido del número de página correspondiente.

4 También la siguiente descripción que Cerezo hace de la sociedad en términos orteguianos supone una exposición de una realidad que bien podría ser la técnica, por sus caracteres de poder impersonal, extraño, inercial e ignorante respecto de sus orígenes: "la sociedad como una compleja arquitectura de usos. Un uso es un tipo de conducta impersonal, esto es, desalmada e ininteligible, que se mantiene por pura inercia, como un poder extraño, del que se ha perdido la conciencia de sus orígenes. Su carácter es, con todo, ambivalente. Funciona a la vez como imposición y recurso" (1984: 382).

Esta reflexión llevará a Ortega a la célebre conclusión de que lo social es "lo humano deshumanizado" (V 344). La única manera de conservar lo humano es convirtiéndolo en naturaleza, lo que no puede conseguirse sin buenas dosis de violencia sobre los hombres. La clave de toda la argumentación orteguiana estará en entender que "la sociedad, la colectividad, sería el medio esencial ineludible para que el hombre sea hombre" (V 344). Es la peculiar sociabilidad humana la que hace posible al hombre y la que lo hizo posible en un principio. Pero ¿qué es entonces la sociedad desde este punto de vista? Ortega dirá que tiene "papel y rango de medio, de utensilio, de aparato" (V 344), es decir, que la sociedad es una técnica. La sociedad es la técnica que permite crear y reproducir seres humanos. Esta idea encuentra uno de sus desarrollos más acabados en el curso *El hombre y la gente* de 1939. Allí encontramos el siguiente párrafo:

> Pero el vivir con los otros hombres sería —repito— un atroz tormento, sería de hecho imposible si todo estuviera, si todo quedara entregado a la arbitrariedad de la inspiración individual. Por eso, los usos son como aparatos ortopédicos que nos aseguran ciertas líneas fijas y previamente conocidas en la conducta que los demás van a tener con nosotros. (IX 334)

Los usos, base de la sociedad según la teoría sociológica orteguiana, son "aparatos ortopédicos", ni más ni menos. Esta idea sobre el sentido de la sociedad será expresada en términos similares en su texto *Memorias de Mestanza*, de 1940: "no es, pues, la ventaja material ni un mitológico instinto de sociabilidad lo que más resueltamente mantiene al hombre en sociedad, sino esa otra ventaja moral que consiste en ahorrarle el esfuerzo de decidir qué es lo que va a hacer en cada minuto" (V 758).[5] Aquí Ortega no se centra en la convivencia, pero el carácter técnico de la sociedad como aquello que nos da una línea de actuación es evidente. La clave radica en una de las tesis fundamentales de Ortega: que el hombre no nace siendo hombre y nunca es plenamente y de una vez por todas hombre. El ser humano no puede hacerse a sí mismo. Al menos al comienzo de nuestra vida, son los otros los que nos hacen, los que nos humanizan y nos hacen ser humanos. Y por mucho que

5 La idea orteguiana de que la técnica es el esfuerzo por ahorrar esfuerzo se ve reflejada claramente aquí respecto de la sociedad.

podamos llegar a agradecer esta conformación humana que se nos da, no puede negarse que este proceso de humanización es algo que se lleva a cabo violentamente, superando resistencias y sin tener en cuenta la opinión de ese ser que va a humanizarse: "toda esta fecunda faena de humanización del hombre se debe al mecanismo violento de los usos" (IX 421). El texto más potente y que más claramente expone esta idea es el que a continuación reproduzco íntegro:

> He ahí el error del individualismo sociológico: suponer que antes de que haya sociedad, existía un ser al cual pudiera con adecuación llamarse hombre. No hay tal: ese presunto hombre antisocial era, sería, hubiera sido un pobre animal con un sistema de instintos desajustado que no le servía ya para orientarse debidamente en su existencia zoológica, por tanto, como animal un degenerado y, en cambio, sin poseer aún un aparato racional vagamente capaz de sustituir eficazmente a los instintos ausentes o desorganizados. [Ese hombre presocial, ese hombre solitario no existe]. La sociedad es el instrumento con que a lo largo de mil años se ha ido fabricando lo humano en aquel ser equívoco. La historia es la lenta aventura de domesticación del hombre y su humanización. (IX 421)

El texto de *El hombre y la gente* es suficientemente iluminador por sí mismo, pero haríamos bien en hacer notar las palabras utilizadas por Ortega para referirse a la sociedad: la sociedad es un "instrumento" con el que se "fabrica" al ser humano, y todo ello a través del "mecanismo" de los usos. Como digo, este vocabulario no es en absoluto casual, e indica claramente que la sociedad humana no puede comprenderse, desde el planteamiento orteguiano, más que como una técnica. Pero, por si fuera poco, hay todavía otro texto donde la postura orteguiana es más explícita si cabe. Al hilo de la indagación etimológica de la palabra "uso", Ortega explicará que esta no significa, como suele creerse, costumbre:

> No, «*usus*» significa primariamente «utensilio», «instrumento», «cosa que sirve para», «aparato». ¿Será «el uso» un aparato? Y si anticipando resultase que nuestra investigación lleva a descubrir que la sociedad es el conjunto de usos, y que su sustancia no es sino eso, tendríamos que la sociedad sería el conjunto de los instrumentos, utensilios, aparatos o mecanismos que son los usos.
>
> ¡Ah! Entonces, la sociedad sería un gran mecanismo que sirve como una gran máquina, idea que aún no vemos ni de lejos clara, pero que ya nos pone alerta: la sociedad... una máquina. Y una máquina, ¿para qué?. (IX 331–332)

La sociedad es la máquina creadora de seres humanos. La sociedad es, junto al lenguaje, la verdadera técnica primigenia, la técnica original y originadora del ser humano. Sin la organización social que el ser humano técnicamente se impone a sí mismo, el ser humano nunca habría sido posible. Solo mediante la organización monogámico-familiar, que sirve como base para la compleja articulación social humana, fue posible que la inmadura e indefensa cría humana saliera adelante. Solo gracias a la unión forjada mediante esta organización monogámica-familiar-social, y gracias a la coordinación posibilitada por el lenguaje humano, fue posible que el humano sobreviviera e incluso acabara dominando el planeta.[6] Lo más sorprendente de esta argumentación es que Ortega ya la había atisbado con su increíble agudeza, cuando comentando con F. Vela su teoría sobre el "hombre interesante", dice:

> El casamiento no tiene que ver con el amor si no es *per accidens*. El casamiento tiene otras raíces —sociales, económicas, etcétera. Y así debe ser. El casamiento es una institución civil y no se le debe estudiar ni juzgar ni evaluar mirándolo desde la intimidad de la persona —como debe hacerse con el amor—, sino desde la vida colectiva a la cual pertenece. Esto será todo lo paradójico que usted quiera —que el sentido del matrimonio, que es el «hogar» y el «interior» de la familia, etcétera, tenga poco que ver con la intimidad—, pero es la pura verdad. Hay que hablar del matrimonio como se habla del Parlamento, de los Tribunales de justicia o del sistema electoral... (V 117–118)

Es decir, que el matrimonio y la organización monogámico-familiar que anida en su centro no son otra cosa que instituciones creadas y destinadas a

6 Sin querer alargar más este excurso, sí es muy interesante atender a la interpretación que Ortega lanza en *Idea de principio en Leibniz* sobre el principio de no contradicción, la dialéctica, y todo el pensamiento del sentido común ejemplificado en la filosofía de Aristóteles. Así dirá Ortega: "La dialéctica es la técnica de la discusión con otros, del diálogo; es pura conversación, es pensamiento socializado. En él, los razonamientos no pretenden ser la pura verdad" (IX 1026). Los primeros principios del pensar se averiguan dialécticamente (cf. IX 1029), lo que básicamente significa que provienen de nuestro trato social —con todo lo que ello conlleva para cualquier saber que se pretenda universal—. Este punto queda aún más claro cuando Ortega investiga la demostración aristotélica del principio de no contradicción y descubre que Aristóteles, en lugar de demostrarlo racionalmente, se vuelve iracundo contra aquellos que lo niegan, acusándoles de mentirosos (Cf. IX 1055), con lo que vemos que este principio fundamental y base del conocimiento no es una verdad lógica autoevidente sino un constructo eminentemente social.

ciertos fines concretos; esto es, una determinada técnica. Por supuesto, en Ortega no encontramos el desarrollo y fundamentación de esta intuición genial, para la cual necesitaría todas las investigaciones antropológicas de las últimas décadas, pero el hecho de que apunte a ella con tal nitidez me parece digno de elogio.

4. Sloterdijk y Mumford sobre el origen técnico de la sociedad humana

Uno de los autores que también ha apuntado claramente a esta comprensión de la sociedad como técnica ha sido P. Sloterdijk. A lo largo de su obra ha trazado diversas e interesantes aproximaciones a este problema, que en este punto no podemos referir ni desarrollar, y por ello solo mencionaremos algunas ideas fértiles que nos pueden ayudar a comprender este problema. En *Normas para el parque humano*, un texto repleto de ideas sugerentes, Sloterdijk centra su crítica a Heidegger precisamente en haber dejado atrás este momento original: "Existe una historia, resueltamente ignorada por Heidegger, de la salida a la luz del hombre en el claro del bosque" (2006b: 53). Una idea que Sloterdijk remarca en los siguientes párrafos, al afirmar:

> La historia real del claro del bosque —de donde debe partir toda reflexión profunda sobre el hombre que pretenda ir más allá del humanismo— se compone, pues, de dos grandes relatos que convergen en una perspectiva común, a saber, en la exposición de cómo del animal-sapiens se derivó el hombre-sapiens. El primero de estos dos relatos da cuenta de la aventura de la hominización. Trata de cómo, en los largos períodos de los orígenes de la historia prehumana-humana, se derivó del animal mamífero humano engendrador de seres vivos un género de seres nacidos prematuramente que —si es lícito hablar de un modo tan paradójico— salían a su entorno con un exceso cada vez mayor de inmadurez animal. Aquí se lleva a cabo la revolución antropogenética: el estallido que hace añicos el nacimiento biológico y lo convierte en el acto de llegar-al-mundo. Heidegger, en su obstinada reserva contra toda antropología y en su celo por preservar ontológicamente puro el punto de partida del hombre como ser-ahí y ser-en-el-mundo, no ha querido tomar nota de esta explosión de forma mínimamente satisfactoria. (2006b: 54–55)

Efectivamente, el hombre no es un animal con mundo por casualidad, sino que su mundanidad viene dada directamente por la necesidad provocada por sus crías inmaduras. La retórica de Sloterdijk, a pesar de cierto afán provocativo, es plenamente adecuada al distinguir el "animal mamífero humano" del ser humano que solo tras un proceso de hominización, a través de su entrada al mundo junto a los otros (a través de la técnica que es la sociedad y a través de la técnica que es el lenguaje), puede llegar a serlo verdaderamente. Sloterdijk explica esto justo después:

> Pues el hecho de que el hombre haya podido convertirse en el ser que está en el mundo tiene unas profundas raíces en la historia del género humano de las que nos dan cierta idea los insondables conceptos de nacimiento prematuro, neotenia e inmadurez animal crónica del hombre. Aún se podría ir más allá y designar al hombre como el ser que ha fracasado en su ser animal y en su mantenerse animal. Al fracasar como animal, el ser indeterminado se precipita fuera de su entorno y, de este modo, logra adquirir el mundo en un sentido ontológico. Este extático llegar-al-mundo y esta «sobreadecuación» al ser le vienen dados al hombre desde la cuna, por herencia histórica de su género. Si el hombre es-en-el-mundo, ello se debe a que participa de un movimiento que le trae al mundo y que le expone al mundo. El hombre es el producto de un hiper-nacimiento que hace del lactante un mundante. (2006b: 55–56)

La descripción de Sloterdijk acierta en la diana del problema, poniendo en relación la prematuridad e inmadurez del ser humano con condición de ser-en-el-mundo. En otro ensayo menos conocido, titulado *En el mismo barco*, Sloterdijk explica esta perspectiva de la sociedad como la creadora material de los seres humanos. Allí explica que "las sociedades primitivas tienen que colocar su centro de gravedad en el arte de la crianza de seres humanos" (2006a: 27). La clave está en entender los medios tan complejos y elaborados que el hombre primitivo tuvo que poner en juego para llevar a cabo "la repetición del hombre por obra del hombre" (Sloterdijk, 2006a: 34), una labor que Sloterdijk describe como arte o artificio (Cf. 2006a: 36), y que nos hace comprender que "la sociedad no es más que una «envoltura» psicofísica alrededor de la esfera en la que madre e hijo repiten el misterio de la vivificación humana" (2006a: 33).

No podemos entrar a desarrollar o matizar estas tesis de Sloterdijk, y solamente querría que sirvieran como un indicativo del marco general en el que creo que hay que estudiar el origen del hombre, entendiendo a su ser social y su ser lingüístico en directa relación con su ser técnico. Que Ortega apuntaba claramente en esta dirección me parece suficientemente claro; si bien el grado en que este apuntar se materializó efectivamente en una comprensión de este tipo está más abierto a discusión. La cercanía con un autor de la segunda mitad del siglo XX como Sloterdijk es clara, pero no tanto —y esto es muy relevante— por el distinto tono o enfoque de sus respectivas filosofías, sino porque lo que en uno aparece de manera más implícita, queda explicitado en el autor más reciente.

Cabe referir, en último lugar, la teoría de L. Mumford sobre la organización humana como modelo de toda máquina. Este autor entiende que el verdadero modelo de la máquina y una de las claves del aumento de poderío humano radica en la organización monárquica, tal y como empieza a perfilarse ya en las civilizaciones egipcia o sumeria (2013: 280–290). Así lo expresará Mumford, quien dirá que "el primer gran progreso de la técnica" no es otro que "la máquina humana colectiva" (2013: 196), un puesto que compartirá con el lenguaje propiamente humano: "Si dejamos a un lado el lenguaje, esta conquista es el único logro técnico jamás igualado por ninguna otra especie" (2013: 207). Tanto es así que Mumford lo colocará en el lugar originario de la civilización humana: "todas estas mejoras técnicas fueron importantes, pero tras ellas hubo una fuerza motriz central que ha sido olvidada: el descubrimiento del poder de un nuevo tipo de organización social, capaz de elevar el potencial humano" (Mumford, 2013: 271). Por ello concluirá que el Estado monárquico es "el primer modelo funcional de todas las complicadas máquinas que vinieron después" (2013: 311), un momento originario en el que también aparece lo que Mumford llama "el mito de la megamáquina", que busca potenciar sus propias virtudes y encubrir sus consecuencias destructivas —las cuales a ojos de Mumford sobresalen por encima de sus virtudes de manera clara (Cf. 2013: 313)—.

Este interesante planteamiento de Mumford creo que puede ponerse en conexión con las tesis que venimos desarrollando en este texto, aunque pienso que el trabajo de Mumford tiende a idealizar la organización aldeana previa al Estado monárquico y pensarla como un estado de naturaleza pre-técnico, una comprensión que me parece equivocada. Como hemos expuesto desde los planteamientos de Ortega y Sloterdijk, así como desde los más recientes avances paleoantropológicos y sociobiológicos, la sociedad humana es desde sus mismos inicios una técnica extremadamente compleja y elaborada.

Para terminar, querría hacer una reflexión general sobre el lugar de la técnica en la vida humana, que a la luz de estas reflexiones empieza a ser iluminada en su verdadero y amplio alcance.

5. Reflexiones sobre el concepto de técnica a modo de conclusión

Intentar aprehender el origen del ser humano nos obliga a contemplar algunos de los factores habitualmente aludidos como desencadenadores del este ser: factores ambientales, factores anatómicos y factores conductuales. Lo verdaderamente interesante (y lo verdaderamente difícil) es articular todos estos factores, acertando en la medida de su importancia y en su lugar correlativo dentro de la explicación del origen del hombre.

La técnica aparecía en este contexto como un candidato prometedor a ser el factor fundamental dentro del surgimiento del hombre. Sin embargo, muchos antropólogos actuales han criticado esta preeminencia de la técnica, exponiendo distintos datos que problematizan su lugar de privilegio. La defensa de la preeminencia de la técnica, acríticamente adoptada y carente de matices, es falsa. Sin embargo, creo que dicha crítica a la importancia de la técnica en ocasiones va demasiado lejos y deja traslucir un prejuicio antitécnico incubado en toda la tradición intelectual occidental. Pues si bien es cierto que la técnica, de manera aislada y en un sentido restringido, no puede considerarse la clave para entender al ser humano y su surgimiento, esta crítica no debe cegarnos a la posibilidad de pensar la técnica de una manera más fundamental y compleja. Debemos entender la técnica no de manera aislada, sino dentro de un complejo y articulado entramado vital, donde coexiste y coimplica (y es coimplicada) por otros factores. Pero sobre todo debemos entender la técnica como *uno de* los axiomas de la vida, *uno de* sus presupuestos fundamentales, sin el cual la vida misma se vuelve algo etéreo y abstracto, y por tanto incomprensible.

Una clave para entender este punto es que la técnica —al menos en un primer sentido básico— no es una ocupación exclusiva del hombre, ni mucho menos. Y esto, no solo porque los chimpancés y otros simios, además de algunas aves, utilicen múltiples instrumentos y herramientas. Estos casos particulares de técnica extrasomática animal nos ponen sobre la pista de un punto más fundamental y decisivo: que toda vida necesita como su soporte un determinado conjunto de técnicas, sin las cuales dicha vida perece y desaparece. Pues ni siquiera es una exclusiva humana, como en parte creía Ortega, adaptar la circunstancia a uno mismo en lugar de adaptarse a la circunstancia. Como explica Diéguez: "ésta no es razón suficiente para declararla [a la técnica] como ultrabiológica, porque como advertimos más arriba, todos los seres vivos construyen en alguna medida su propio nicho ecológico. No hay adaptación pasiva al medio" (2014: 149).[7]

En todo caso, bajo toda esta argumentación queda latente la objeción de que el sentido de técnica que aquí se utiliza es tan amplio que la palabra acaba quedando vacía de sentido, pudiendo referirse prácticamente a cualquier cosa. Soy consciente de esta objeción, pero pienso que en último término es improcedente. "Técnica" es cualquier movimiento (o la solidificación material o intelectual de ese movimiento) que, de manera elaborada y mediada, no directa e inmediata, alcanza un determinado fin.[8] El léxico común ha mantenido, pese a la presión de la filosofía oficial, esta comprensión común de técnica como "forma de actuar perfeccionada y habitualizada". Así se habla de la técnica para cortar jamón o de la técnica

7 Sobre este tema véase también Odling-Smee et al., 2003. Desde esta comprensión incluso se ha creado una disciplina como la ecología histórica en la que se estudia el particular modo que tiene el hombre de crear su nicho ecológico (que es de un calado tan grande que se ha empezado a hablar de nuestro tiempo como el "antropoceno" (Crutzen y Stoermer 2000)).

8 A esta misma concepción parece referirse el propio Ortega en un pequeño texto de 1933, titulado *Lectura y comentario de las obras de Descartes*. Allí Ortega desliza la siguiente frase: "Este hacer —como todo hacer— puede ejercitarse espontáneamente o bien técnicamente. Mi hacer es técnico cuando me hago cuestión de ello" (IX 43). También en su *Prólogo a Veinte años de caza mayor del Conde de Yebes* podemos leer una sencilla, pero por eso mismo clara definición de técnica cuando comenta que "para que una actividad llegue a convertirse en técnica es preciso que no dé lo mismo operar de un modo o de otro. La técnica supone que el logro de un cierto propósito es difícil e improbable; para compensar su dificultad y su improbabilidad hay que fatigarse en inventar un procedimiento especial de rendimiento suficiente" (VI 295).

del futbolista, e incluso en el ámbito animal también se habla de distintas y variadas técnicas. Nuestro *Diccionario de la lengua española* también mantiene —aunque como última acepción— la siguiente definición de técnica: "Habilidad para ejecutar cualquier cosa, o para conseguir algo", una definición que, pese a su pobre formulación, apunta claramente en esta dirección.

Por eso no creo que pueda decirse que, desde nuestro planteamiento, todo acabe siendo técnica. Lo que ocurre es que el ser humano es un ser vivo conductual, es decir, un ser vivo cuya vida consiste en llevar a cabo acciones. Y para llevar a cabo estas acciones, el ser humano necesita poner en juego una mediación técnica. En todo caso, no es casual ni gratuito que el término "técnica" haya ido restringiéndose al conjunto de objetos creados por el ser humano. Esto es así porque en esta forma de sedimentarse extrasomáticamente la técnica es la forma específica humana de la técnica, como veremos un poco después. Pero desde la perspectiva que aquí estamos intentando poner en juego, creo conveniente dar un paso atrás y contemplar la técnica desde una perspectiva más amplia. Solo así podremos comprenderla verdaderamente, más allá de los prejuicios depositados por la tradición.

En todo caso, importa también señalar que este trabajo no es ni mucho menos el único que apunta en esta dirección. Pues filósofos como B. Stiegler también trabajan en esta misma línea, afirmando:

> ... la técnica (*techné*) ante todo designa los saber-hacer ¿Qué es lo que no es saber-hacer? La cortesía, la elegancia, la cocina, lo son. Sin embargo, sólo en el caso de esta última existe relación con una producción, con una transformación de materiales, de "materias primas" en "materias secundarias" o productos, y por ello la cocina, como es el caso en *Gorgias*, es más fácilmente reconocida como técnica, saber-hacer *productivo*, que in-forma la materia. Es el modelo del artesano, operador (causa eficiente) de la *poiesis*, o producción, de donde se desarrolla la teoría de las cuatro causas, a partir de la cual la tradición comprende la técnica. (2002: 145)

Como explica Stiegler, caemos con demasiada frecuencia en una "comprensión insuficiente, restrictiva, y derivada de lo que es la técnica" (2002: 146). Al hablar de técnica tendemos a pensar exclusivamente en los procedimientos materialmente solidificados (las herramientas y construcciones técnicas), e incluso más restringidamente tendemos a pensar en la técnica ingenieril-científica que hoy predomina en nuestro horizonte, la denominada como "tecnociencia".

Pero el concepto de técnica al que aquí querría llegar, que es el concepto al que Ortega inadvertidamente está siempre apuntando, es una concepción de técnica mucho más amplia. La técnica es una condición indispensable de toda vida conductual, precisamente por ser la vida la relación (mediada técnico-interpretativamente) entre un yo y una circunstancia. Frente a la anquilosada tradición filosófica es conveniente seguir el gesto wittgensteniano (un gesto orteguiano también) de fijarnos en el uso cotidiano de la palabra. Pues el propio uso común de técnica alude a una dimensión más amplia y fundamental en la que se habla de "técnicas de caza", "técnicas de cortejo", "técnicas de camuflaje", etc. Técnica es todo aquello que implica una conducta elaborada, una relación con el contorno mediada y ya no inmediata, y especialmente la forma habitualizada que esta conducta adopta. Por eso es vano decir que la técnica es el factor diferencial u originador del ser humano: es uno de los factores fundamentales de la vida humana, pero como lo es de toda vida conductual. Precisamente por ello no es lícito destacarla como el factor diferencial frente a otras vidas animales que, podría pensarse, se desenvuelven sin técnica. Esto no quiere decir que la técnica humana no tenga sus peculiaridades muy significativas frente a las técnicas animales; pero lo que aquí quiero remarcar es la necesidad de entenderla en continuidad con otras técnicas animales, como una forma extraña e incluso paradójica, pero no por ello absolutamente distinta a estas otras técnicas.

De este modo, gracias a las geniales intuiciones de autores como Ortega, Sloterdijk, Mumford o Stiegler, podemos empezar a captar la técnica desde otra perspectiva más amplia y compleja. En relación con el tema que se ha abordado en este texto, es claro que la sociedad humana tiene una base biológica indiscutible. Pero también es igualmente evidente que, a lo largo de siglos —y seguramente milenios—, el ser humano ha trabajado técnicamente sobre sí mismo y sobre su organización social para perfeccionarla y dirigirla en la dirección de sus deseos. Sin caer en fantasías de ingeniería social, esta reflexión debería abrir nuestra mente a las posibilidades de retocar o reformar esa máquina social que tantos beneficios nos ha proporcionado, pero cuyos defectos de funcionamiento ya empiezan a ser palmarios en la actualidad.

Bibliografía

Acevedo, J. (1990), "La sociología de Ortega", *Revista de Sociología*, 5, pp. 19–33.

Alonso, M. (2018), "Poiesis, creación y técnica en la filosofía de Ortega y Gasset", *Azafea*, 20, pp. 219–236.

Alonso, M. (2019), "La técnica en Ortega: más allá de Meditación de la técnica", *Revista de Estudios Orteguianos*, 38, pp. 147–172.

Alonso, M. (2020a), "Las relaciones entre teoría y práctica en la obra orteguiana y su conexión con la filosofía de la técnica orteguiana", *Anuario Filosófico*, 53, 2, pp. 341–363.

Alonso, M. (2020b), "Ortega: a philosophy of technology pioneer", *Annals of the University of Bucharest*, 69, 1, pp. 9–26.

Ayala Pereda, F. J. (1980), *Origen y evolución del hombre*, Madrid, Alianza Editorial.

Bergson, H. (1994), *La evolución creadora*. Trad. María Luisa Pérez Torres. Barcelona, Planeta-Agostini.

Blumenberg, H. (2011), *Descripción del ser humano*. Trad. Griselda Mársico. Buenos Aires, Fondo de cultura económica.

Cerezo Galán, P. (1984), *La voluntad de aventura. Aproximamiento crítico al pensamiento de Ortega y Gasset*, Barcelona, Ariel.

Crutzen, P. y Stoermer, E. (2000), "The Anthropocene", *Global Change Newsletter*, 41, pp. 17–18.

Diéguez Lucena, A. (2013), "La filosofía de la técnica de Ortega como guía para la acción. Una comparación con Heidegger", *Revista Internacional de Tecnología, Conocimiento y Sociedad*, 2, 1, pp. 73–97.

Diéguez Lucena, A. (2014), "La acción tecnológica desde la perspectiva orteguiana: el caso del transhumanismo", *Revista de Estudios Orteguianos*, 29, pp. 131–153.

Dust, P. H. (1993), "Amando lo artificial: Ortega y Gasset y nuestra relación con la técnica hoy", *Isegoría. Revista de Filosofía Moral y Política*, 7, pp. 123–134.

Mead, G. (1982), *Espíritu, persona y sociedad desde el punto de vista del conductismo social*. Trad. Florial Mazía. Barcelona, Paidós Studio/Básica.

Mumford, L. (2013), *El mito de la máquina*, La Rioja, Pepitas de Calabaza.

Odling-Smee, F. J., Laland, K., Feldman, M. (2003), *Niche-construction: The Neglected Process in Evolution*, Princeton, New Jersey, Princeton University Press.

Ortega y Gasset, J. (2004–2010), *Obras completas. Tomos I–X*, Madrid, Taurus.

Pellicani, L. (1986), "La teoría orteguiana de la acción social", *Revista Española De Investigaciones Sociológicas* (*Reis*), 1(35), pp. 89–111.

Sloterdijk, P. (2006a), *En el mismo barco*. Trad. Manuel Fontán del Junco. Madrid, Siruela.

Sloterdijk, P. (2006b), *Normas para el parque humano: una respuesta a la carta sobre el humanismo de Heidegger*. Trad. Teresa Rocha Barco. Madrid, Siruela.

Stiegler, B. (2002), *La técnica y el tiempo 1. El pecado de Epimeteo*. Trad. Beatriz Morales Bastos. Guipuzkoa, Hiru.

Wilson, E. O. (1978), *Sociobiology: the new synthesis*, Belknap Press of Harvard University Press.

JESÚS M. DÍAZ ÁLVAREZ

Crisis de creencias y fundamentación. Gadamer, Ortega y nuestro tiempo

> ¿Que é a verdade? Eu son bastante escéptico a propósito destas ideias xerais. A realidade é multiforme, contradictoria, matizada, e as ideas xerais, os conceitos universais son esquemas que nos permiten ordenar a realidade, pero non teñen mais valor que ese.
>
> Ricardo Carvalho Calero

> La filosofía no viene a ocupar un lugar importante en la cultura sino cuando todo parece desmembrarse; es decir, sólo al hallarse amenazadas unas determinadas creencias, largo tiempo mantenidas y apreciadas. En tales trances, los intelectuales reinterpretan el pasado en los términos del futuro que imaginan. Ofrecen sugerencias relacionadas con aquello que se puede conservar y con lo que es preciso descartar. Aquellos cuyas sugerencias hayan resultado más influyentes acceden a un lugar de honor en el Olimpo de los grandes filósofos.
>
> Richard Rorty

> Me parece que tanto Leo Strauss como sus discípulos creen en el bien y el mal absolutos, en lo verdadero y lo falso, y en que se pueden percibir directamente mediante una suerte de visión *a priori*, un ojo metafísico; mediante el uso de una facultad racional platónica que a mí no me ha sido dada [...]. Yo no soy tan privilegiado.
>
> Isaiah Berlin

1. A modo de introducción. Fundacionalistas y antifundacionalistas y la búsqueda de sentido en tiempos de crisis

La idea de que vivimos en un mundo en crisis está ampliamente extendida y es previa, desde luego, al brutal colapso pandémico que hoy padecemos.[1] Desde los inicios del siglo XX hasta la actualidad, la literatura sobre la falta

1 Este artículo fue redactado en plena pandemia de covid-19. El trabajo ha sido reelaborado con posterioridad en el marco del Proyecto de Investigación PID 2022-131821NB-100, financiado por MICIU/AEI FEDER/EU.

de orientación de nuestras sociedades ha sido constante. En los períodos posteriores a la Primera y Segunda Guerra Mundial, ilustres pensadores y pensadoras atribuyeron las causas últimas de ambas conflagraciones a la desestructuración valorativa en la que había caído nuestra civilización. Y hoy no son pocos los intelectuales que entienden que los desastres ambientales, económicos o sociales están vinculados ampliamente a un modelo de comunidad que ha perdido el norte con respecto a los valores esenciales que deben regir las conductas individuales y colectivas. Según una tesis ampliamente extendida, vivimos en sociedades relativistas o nihilistas que precisamente por su carácter de tales han terminado por generar un individualismo narcisista desaforado que ha traído consigo egoísmo, insolidaridad, crueldad y sufrimiento.

Teniendo presente este diagnóstico, es frecuente que filósofos pertenecientes a lo que llamaré la cofradía ilustrada tradicional planteen que la única solución real a las tribulaciones que padecemos resida, en última instancia, en la rehabilitación de la idea de fundamento. O alcanzamos una base sólida para ordenar nuestras creencias personales y comunitarias —una a la que todo humano dotado de buen sentido y honestidad personal pueda acceder y se vea en la *necesidad racional* de aceptar— o nos exponemos irremisiblemente a la barbarie con sus múltiples rostros. Dicho de otra manera, o somos capaces de habilitar un sentido válido y universal, un sentido cosmopolita estricto, o caemos en el particularista, relativista y nihilista todo vale; o fundamento o barbarie.[2]

Frente a esta tesis típicamente ilustrada, otra célebre cofradía de filósofas y filósofos —situados habitualmente en lo que de modo difuso se ha llamado posmodernidad, pero que a mí me gusta más denominar *ilustración heterodoxa*— insiste en que debemos asumir de una vez por todas que la pluralidad valorativa está aquí para quedarse y que las crisis de creencias no pueden resolverse de modo definitivo o cuasidefinitivo, que siempre se reproducirán una y otra vez. En suma, que resulta imposible alcanzar ese fundamento que tanto anhelan los pensadores de orientación ilustrada tradicional. Pero que esto sea así, que no podamos resolver definitivamente

2 Sobre este particular, se leerá con provecho el tan agudo como beligerante *Le procès de l'Europe. Grandeur et misère de la culture europèenne* de Jean-François Mattèi, cf. Mattèi, 2011.

nuestras disputas morales y políticas, que no podamos ordenar de una vez por todas la escala de valores en la que nos movemos, no significa caer sin más en la barbarie o en el nihilismo relativista. Más bien al contrario, asumir la contingencia, la finitud de nuestros planteamientos, su carácter falible y perecedero, es, según este grupo, lo que nos hace propiamente humanos y debería poder ayudarnos a ser más tolerantes y compasivos.

En las páginas que siguen, y teniendo como trasfondo el planteamiento que termino de anunciar, trataré de mostrar por qué la perspectiva pluralista o antifundacionalista me convence más; por qué creo que las continuas crisis de creencias en las que estuvimos, estamos y estaremos no son, correctamente entendidas, la antesala de un relativismo proclive a la indiferencia, el egoísmo y la violencia y pueden, paradójicamente, transformarse en el mejor modo de reivindicar nuestra común humanidad y el respeto hacia los otros. En definitiva, trataré de patentizar por qué la presunta alternativa entre fundamento o barbarie resulta falaz y contraproducente. Y lo haré de la mano de dos filósofos que normalmente no suelen ponerse en el mismo cajón. Me refiero al alemán Hans Georg-Gadamer, padre de la hermenéutica filosófica contemporánea, y a José Ortega y Gasset. De Gadamer, al que dedicaré la primera sección del trabajo, tomaré su reivindicación de la tradición y del prejuicio. Veremos que ambos son expresión de una idea del humano que entiende la finitud y la contingencia como condiciones de posibilidad del diálogo y la convivencia pacífica. De Ortega, del que me ocuparé en un segundo apartado, cogeré su teoría de la creencia, una de las vigas maestras de su obra de madurez. Y lo que comprobaremos a su través es que esta noción nos sirve también para poner en claro que aquello que probablemente nos hace humanos es nuestra historicidad contingente. Una historicidad que imposibilita cancelar de una vez por todas qué tipo de creencias deberían ordenar el sentido de la vida, pero de la que podemos y debemos aprender a extraer una lección antidogmática: el único sentido que nos es dado es la constante búsqueda del sentido. O expresado de modo más cervantino, que en cuestión de creencias fundamentales siempre es mejor poner el acento en el camino que en la posada. No conviene tener prisa por el Reino.

En resumen, y simplificando mucho mi posición, en el presente trabajo sostendré con ayuda de Gadamer y Ortega que solo podemos salvar los abismos del nihilismo y el relativismo que siempre acechan en nuestras crisis de creencias si soltamos la idea de fundamento e insistimos y tomamos conciencia, también en su parte más problemática, de la finitud humana y su gran consecuencia, la pluralidad valorativa.

Una vez ganada la comprensión de esta tesis, que ocupará el grueso del ensayo, terminaré con una coda sobre el concepto de nación o el tipo de patriotismo que es exigible a una comunidad que se ve a sí misma como contingente, plural y finita.[3]

3 Las interpretaciones que hago de Gadamer y Ortega son apropiaciones en el sentido técnico que esta expresión tiene en la hermenéutica filosófica. Es decir, son una lectura "interesada" consciente de tal hecho. La de Gadamer es, en cualquier caso, más estándar en algunos de sus puntos esenciales, aunque no deja de ser parcial y estar al servicio de las ideas generales del escrito. Pero el Ortega que aquí dibujo es quizá menos común. Es muy posible incluso que resulte extraño a una parte de los buenos conocedores de su obra, más proclives a vincularlo a la fenomenología husserliana (cf. San Martín, 2012; Expósito, 2021). No obstante, me parece que es un Ortega factible. Explora y aprovecha algunas de las tensiones fructíferas de sus escritos y seguro que las "exagera" en una dirección que el propio filósofo no terminaría por aprobar del todo o incluso rechazaría explícitamente (sobre todo en ciertas de sus derivadas políticas). Sin embargo, creo que este Ortega hermeneuta, incluso hermeneuta radical, es una manera productiva de comprender y renovar a un clásico, de desmomificarlo. Además, estoy convencido firmemente que, más allá de los posibles "desafueros" interpretativos que pueda cometer, los paralelismos están ahí, como trataré de mostrar: historicismo, antifundacionalismo, crítica de la teoría de la verdad como correspondencia, aceptación de una cierta idea de progreso pero carente de cualquier espíritu absoluto, reivindicación de una tradición fructífera y abierta, rechazo de una teoría de la naturaleza humana y, por encima de cualquier otra cosa, el epítome de todo lo que termino de relatar, la insistencia en la finitud y contingencia de todo lo verdaderamente humano. No en vano señala Ortega en *Apuntes sobre el pensamiento* que "la realidad específicamente humana —la vida del hombre— tiene una consistencia histórica. Esto nos obliga a 'desnaturalizar' todos los conceptos referentes al fenómeno integral de la vida humana y someterlos a una radical 'historización'. Nada de lo que el hombre ha sido, es o será, lo ha sido, lo es y lo será de una vez para siempre, sino que ha *llegado a serlo* un buen día y otro buen día *dejará de serlo*. La permanencia de las formas de vida humana es una ilusión óptica originada por la tosquedad de los conceptos con los que pensamos..." (Ortega, 2006b: 22). En este sentido, considero que Ortega, Gadamer y sus cofrades historicistas han intentado con sus filosofías aquilatar algunas de esas tosquedades. Y todos ellos, esa es mi impresión, lo hicieron por una misma razón de fondo: la fidelidad a lo humano.

2. La revalorización de la tradición en la hermenéutica filosófica de Gadamer. Por una filosofía de la finitud para hacer frente al relativismo

Cuando en el panorama filosófico contemporáneo se menciona el nombre de Gadamer, enseguida sale a colación la palabra hermenéutica. En efecto, de este pensador se dice que es el gran renovador de esta vieja tradición a la que se asocian nombres ilustres como los de Humboldt, Schleiermacher o Dilthey, entre muchos otros. ¿Pero qué se entiende habitualmente por hermenéutica? No es posible en este escrito hacer una historia escrupulosa de este término.[4] A nuestros efectos, creo que solo es necesario mencionar que el vocablo aparece por vez primera en el siglo XVII en la obra del teólogo estrasburgués Johan Conrad Dannhauer. Dannhauer inventa este término para designar el arte de la recta interpretación de los textos sagrados, es decir, el método adecuado para la correcta comprensión de la Biblia. En siglos posteriores, esta idea se extenderá de los textos sagrados a los profanos: los documentos históricos, filológicos, jurídicos, literarios y filosóficos. La motivación última de la idea originaria y de su extensión a todo tipo de escritos reside en el desconcertante hecho de que en prácticamente todos ellos, desde luego en los que son relevantes, se dan ambigüedades que son susceptibles de producir una anarquía interpretativa que siempre se ha visto como un peligro que conviene evitar o restringir. Dada esta situación de posible caos, la hermenéutica tradicional, también llamada hermenéutica romántica por haber recibido un gran impulso en el siglo XIX sobre todo de la mano de Schleiermacher y Dilthey, busca afanosamente dar con ese método o conjunto de reglas o procederes que nos permitan encontrar el único sentido supuestamente correcto de cualquier texto, un sentido que se identifica generalmente con el que originariamente le habría otorgado su autor.

Teniendo presente esta tesis primigenia, la gran relevancia de *Verdad y método* viene precisamente de la crítica y ruptura con esa venerable tradición. En las manos de Gadamer, la hermenéutica rompe, ya lo veremos, con esa

4 Para un excelente recorrido histórico y filosófico de este concepto, cf. Grondin, 1994; Grondin, 2006 y Jung, 2001.

idea de que existe un método que puede determinar la rectitud del sentido de los textos, un sentido, repito, que supuestamente existe con anterioridad e independencia del proceso interpretativo mismo, y se transforma en una filosofía que tiene como último propósito establecer una teoría general del modo en que los humanos comprendemos y damos sentido al mundo y a nuestras acciones en él (cf. Gadamer, 1984: 10).[5] La razón postrera de este giro reside en que el filósofo alemán entiende que nuestra peculiar forma de ser, aquella que nos define de modo más esencial frente a cualquier otro tipo de ente, incluidos los animales no humanos, consiste en nuestra capacidad para comprender y dar sentido. Para Gadamer los humanos somos unos animales especiales, los animales que comprenden. Pero si esto es así, lo que la filosofía debe hacer es investigar la estructura de ese comprender que nos hace ser lo que somos. A eso es a lo que dedicará su esfuerzo *Verdad y método*. Veamos ahora con algo de detenimiento algunos de los mojones fundamentales del comprender.

Haciéndose eco de la tesis de su maestro Heidegger en *Ser y tiempo* que define al *Dasein* como "ser-en-el mundo", Gadamer sostiene, contra la gran tradición de la filosofía moderna que arranca con Descartes, que los humanos no somos primariamente conciencia, seres pensantes que solo en un segundo momento tenemos acceso al mundo y a los otros yoes. El clásico problema epistemológico de la existencia del mundo exterior y —de la mano del mismo— de la existencia de los otros es para él, igual que para Heidegger, un puro extravío de la epistemología moderna. Para ambos resulta meridianamente claro que somos seres que habitan el mundo en compañía de otros. Pero ¿qué tipo de mundo es ese al que estamos arrojados con nuestros congéneres? ¿Se trata del mundo de las cualidades primarias que quería Descartes? ¿Es el mundo objetivo escrito en lenguaje matemático del que

5 Hay en todos los idiomas excelentes presentaciones generales de la obra de Gadamer. Es imprescindible la biografía de Jean Grondin *Hans-Georg Gadamer. Une biographie* (Gadamer, 2011). En castellano también hay abundante bibliografía. Me permito recomendar tres textos: "Una breve introducción a Husserl, Heidegger y Gadamer" (Escudero, 2016), *La hermenéutica de H-G. Gadamer. En busca de la verdad* (López Sáenz, 2018) y *Husserl y Gadamer* (García-Baró, 2015: 87–133). Este último está escrito brillantemente desde una óptica fenomenológica husserliana estricta y, en tal medida, somete al pensador germano a críticas importantes.

nos hablaba Galileo? En definitiva, ¿es nuestra instalación primaria en el mundo aquella de la que hablan y con la que trabajan las ciencias naturales? La respuesta de Gadamer, siguiendo nuevamente muy de cerca a su maestro, es naturalmente que no. Ejerciendo ambos de fenomenólogos, y reprochando a cierto Husserl no haber sido suficientemente fiel a su propio método descriptivo, maestro y discípulo defenderán que ese mundo en el que primariamente nos encontramos tiene un carácter cultural e histórico (cf. Gadamer, 1984: 305–330). Basta con que cada uno de nosotros reflexione al respecto para darse cuenta de la verdad fenomenológica de esta tesis. Incluso en un mundo tan tecnificado e influido por la ciencia como el nuestro, no deja de ser cierta la aseveración anterior. Y aunque, por ejemplo, pensemos espontáneamente en la luna como un astro —según las propias enseñanzas de la física y la astronomía— y no como una diosa, tal cosa se debe justamente a que nuestra *cultura actual*, el momento histórico en el que estamos, y que es fruto de la civilización moderna, está presidido en gran manera por ese tipo especial de subcultura que es la cultura científica.

Ahora bien, si nuestro mundo es primariamente un mundo cultural e histórico, eso significa que la comprensión que tenemos de él, incluida nuestra propia autocomprensión, se hace siempre y de modo inevitable desde una interpretación. O dicho de otra manera, todo comprender es interpretar y todo interpretar se efectúa con base en una serie de presupuestos, creencias, dirá Ortega, que son los que están vigentes en mi época histórica. Uno de los mejores intérpretes de la obra de Gadamer, Gary B. Madison, ha vertido esta idea del siguiente modo: la novedosa tesis de Gadamer, frente a la epistemología moderna, tiene como consecuencia esencial que "todo comprender humano es de naturaleza pre-supositiva. En otras palabras, comprender es esencialmente un asunto de interpretación, y la interpretación es siempre derivada; la interpretación desvela sólo lo que ha sido entendido en una manera ya dada con anterioridad, es decir, de un modo tácito" (Madison, 1999: 706). Como se puede comprobar por este lúcido y sintético fragmento, la idea central de la hermenéutica gadameriana es que la comprensión tiene una estructura circular: parte siempre de un presupuesto que modula o preforma, según nuestras creencias básicas, aquello que queremos entender. Es el famoso círculo hermenéutico que, a pesar de lo que pueda aparentar a primera vista, no es un círculo vicioso. Su enseñanza fundamental, como bien insiste Madison, reside en revelarnos que toda comprensión es finita, que no existe, como quería la hermenéutica clásica, un sentido fuera del tiempo y la historia que podamos dar por definitivamente bueno ni en el ámbito de la interpretación textual ni en el que concierne a la propia vida personal o comunitaria.[6] Todos llevamos a nuestra espalda una mochila interpretativa, una mochila de presuposiciones muchas veces impensadas, y vemos la realidad con esas gafas. Claro que en el proceso interpretativo, y como fruto del propio esfuerzo y dinamismo de la comprensión, podemos cargar o descargar la mochila, ponerle unas u otras herramientas. Pero lo que nunca va a ser posible es dejarla completamente vacía de presuposiciones. Expresado de otra forma, el círculo hermenéutico nos recuerda que no existe el punto de vista de Dios, que traducido a una conocida tesis filosófica significa que para Gadamer resulta imposible encontrar lo que la tradición metafísica andaba buscando desde sus inicios en Grecia y, particularmente, en su reactivación moderna, la certeza del fundamento, un punto arquimédico a partir del cual se pudiera ganar un acceso a un sentido prístino desvinculado de toda interpretación. Como ha afirmado otro grande de la hermenéutica contemporánea, el filósofo francés Paul Ricoeur: "la fibra de la que está hecha la hermenéutica es la del humilde reconocimiento de la condición histórica de todo humano comprender, que lo sitúa para siempre en el reino de la finitud" (Madison, 1999: 707). Y puesto que la marca esencial de la hermenéutica filosófica es esta del reconocimiento de la finitud, tanto Gadamer como Ricouer insistirán en que la seña de identidad de la verdad no puede ponerse en la certeza. En definitiva, el círculo hermenéutico sitúa la filosofía de Gadamer en el ámbito de las teorías antifundacionalistas.[7]

Pues bien, justamente de la mano de esta idea del círculo hermenéutico, de esa tesis según la cual toda comprensión es siempre interpretación, aparece en el filósofo alemán su conocido y provocativo planteamiento de la rehabilitación del prejuicio y de la tradición (cf. Gadamer, 1984: 331–377). Creo que si nos paramos a pensar un poco en lo expuesto hasta ahora veremos con cierta claridad cómo se enlazan ambos. En efecto, si todos llevamos una mochila de presuposiciones cuando comprendemos y damos sentido, eso significa que solo ejercemos la comprensión desde los propios pre-juicios,

6 Sobre este particular es esencial la noción de *Wirkungsgeschichte* (Gadamer, 1984: 370–377).

7 Para todas estas ideas, cf., Madison, 1999: 705–712.

desde aquellos juicios previos en los que nos sitúan nuestras creencias básicas y radicales sobre la vida. Y esto es lo mismo que decir que solo es posible comprender desde una tradición determinada, que es algo así como la coagulación de todos esos juicios previos, de todas esas creencias básicas que conforman las gafas con las que vemos, con las que entendemos la realidad. Desmenucemos el asunto un poco más.

La Ilustración es habitualmente caracterizada, y con buenos argumentos, como el siglo de las luces, la época decisiva en que la diosa razón empieza a iluminar el mundo combatiendo cualquier tipo de prejuicio. Algo debe ser reconocido como verdadero, bueno, justo o bello porque en sí mismo lo es, no porque sea una costumbre o creencia de nuestros antepasados, en suma, no porque lo diga la tradición en la que estamos. La razón nos habla desde un punto de vista externo a la propia tradición, es, como reza el título de la obra de un conocido filósofo contemporáneo, *el punto de vista de ninguna parte*, la perspectiva neutral, el juicio claro y limpio que precisamente por no estar vinculado a creencias particulares puede evaluarlas en lo que tienen de verdad.[8] En definitiva, la tesis ilustrada es que razón se opone a tradición igual que universalidad a particularidad. Por eso cuando Gadamer afirmó que no hay comprensión sin interpretación, que toda comprensión se hace desde la propia tradición, que solo los prejuicios en los que necesariamente estamos nos permiten dar sentido, estalló la polémica, la más famosa de las cuales fue la que mantuvo con el frankfurtiano Habermas. Este lo acusó, entre otras cosas, de conservadurismo, tradicionalismo y propensión al relativismo. Sin entrar ahora en los entresijos particulares de este fructífero debate, estilicemos de modo muy general algunos rasgos de esta conocida acusación procedente no solo del ámbito frankfurtiano.[9]

8 Cf., a este respecto, el ya clásico *The View from Nowhere* de Thomas Nagel: Nagel, 1986. La fenomenología husserliana sería otra filosofía que encarna a la perfección el deseo mayoritario de la tradición filosófica, a saber, la posibilidad de alcanzar, aunque de modo asintótico, la perspectiva de las perspectivas.

9 Sobre este particular se leerá con gran provecho el capítulo 7 (*Tradition und Emanzipation*) del libro *Die Lektion des Jahrhunderts: Ein philosophischer Dialog mit Riccardo Dottori*. En él, un Gadamer casi centenario pasa revista a la gran mayoría de sus tópicos filosóficos que, por otra parte, inserta en su biografía personal e intelectual. No creo equivocarme ni exagerar si digo que este texto es la mejor introducción al pensamiento del autor (Gadamer, 2000). Para una sucinta y esclarecedora presentación de la polémica con Habermas, ver Grondin, 2006: 67–74.

Si la tradición es aquello que nos constituye, el filtro inevitable que nos sirve para dar sentido y comprender, es necesario reconocer que los humanos vivimos instalados en múltiples tradiciones y que dependemos de ellas a la hora de determinar qué es correcto o no, qué es verdadero o no lo es. Pero si esto es así, nos enfrentamos a un radical pluralismo valorativo y epistemológico. Por otro lado, prosigue la crítica, las tradiciones suelen tener siempre un cariz conservador, de mantenimiento del *statu quo*. Tal y como muestra, por ejemplo, la historia y evolución de los derechos humanos, la implantación de los mismos se hizo muchas veces contraviniendo aquello que se tenía por lo más granado de la tradición propia. La tradición, como su nombre indica, tiende a conservar, y mucho de lo que se conserva es deleznable desde el punto de vista moral o incorrecto desde el punto de vista teórico.

La respuesta de corte gadameriano a estas dos importantes objeciones —conservadurismo y relativismo— podríamos espigarla en ciertos aspectos del siguiente modo. La oposición ilustrada entre tradición y razón, universalidad y particularidad, es demasiado abstracta y ella misma es tributaria, a su vez, de una *tradición* que rechaza precisamente toda verdad que no está fundada de manera última. Por otra parte, la tesis epistemológica ilustrada que nos da a elegir entre fundamento en sentido estricto o relativismo no se ajusta ni a nuestra experiencia moral ni al conocimiento que tenemos del mundo. En efecto, si la idea ilustrada fuera correcta, da la impresión de que tendríamos que nadar en la más absoluta anarquía cognoscitiva y moral, ya que, mal que les pese a sus defensores, tanto los filósofos teóricos como prácticos han sido incapaces de construir en 2000 años de filosofía una teoría carente de supuestos y que pudiera concitar el asentimiento racional de toda la "comunidad de sabios". Ahora bien, a pesar de las grandes discrepancias y desacuerdos no parece que estemos sumidos en el antedicho caos moral o teórico. Pero más allá de este hecho, lo interesante es preguntarse por qué fracasa una y otra vez el intento ilustrado de la filosofía como ciencia estricta. Aquí Gadamer vuelve a insistir en su idea central que ya conocemos: la filosofía como ciencia sin supuestos es imposible porque toda comprensión humana, toda articulación de la verdad, la moral o la belleza parte de supuestos, es histórica, se inscribe en una tradición, en suma, es finita. Nuestro acceso a la verdad, la belleza, el bien o la justicia es siempre limitado, se manifiesta necesariamente en escorzos. Pero que esto sea estructuralmente así, no significa asumir que todas las tradiciones que filtran ese acceso sean iguales o que todas las interpretaciones tengan el mismo valor.

Pero ¿cómo saber qué tradiciones son fecundas y cuáles no? ¿Cómo discriminar entre prejuicios que dan vida y renuevan una tradición y aquellos que la agostan y la vuelven ineficaz, estéril u hostil? Sería absurdo pensar que una filosofía de la finitud como la de Gadamer puede responder a esto con una regla general que sirva para distinguir absolutamente entre una cosa y otra. Eso sería volver a dar la espalda a la historicidad que nos constituye y haber pretendido descubrir el punto de vista de Dios, el no lugar o emplazamiento neutral de una razón ilustrada a la que se ha renunciado porque resulta imposible. Pero en ella sí que se nos dan ciertas indicaciones que servirían para distinguir las buenas tradiciones de las malas, la tradición del puro tradicionalismo. Una de esas indicaciones tiene que ver con la propia estructura dinámica del comprender. Cuando antes insistí en el carácter circular de la comprensión, quizá pudiera entenderse mejor lo que Gadamer quiere decir utilizando no la metáfora del círculo, sino la de la espiral, metáfora por cierto muy querida por Ortega. Cuando comprendemos interpretando la realidad desde los pre-juicios de la tradición en la que estamos instalados, en la fusión de horizontes que tiene lugar en ese proceso se producen desajustes, quiebras, holguras en nuestra propia mochila interpretativa. Si ello no fuera así, sería imposible que las tradiciones se modificaran, que surgieran disidencias, que se manifestaran cambios. La interpretación va del todo, de las creencias coaguladas que conforman la propia tradición, a la parte, aquello que queremos comprender. Y en ese ejercicio dinámico todo y parte se retroalimentan dando lugar a mutaciones. Pero, de nuevo, ¿cómo distinguir, permítaseme la expresión, los cambios buenos de los malos? Gadamer apela aquí, en primer lugar, a la labor y ejercicio paciente del tiempo. Para nuestro filósofo, el propio decurso del tiempo va seleccionando los cambios beneficiosos, va decantando qué tiene valor y qué no. Por expresarlo de otra manera, el peso del tiempo purgaría la propia tradición de los malos prejuicios (cf. Gadamer, 1984: 331–377). Un ejemplo claro de lo que se nos quiere decir lo tenemos en los cánones que todas las culturas atesoran, es decir, en aquello que entendemos como sus clásicos. Parece, en efecto, que tales cánones, no exentos de polémicas —recuérdese por ejemplo la provocada por el libro de Harold Bloom con respecto a la literatura occidental— concitan acuerdos relativamente amplios porque en el transcurrir de la historia se va decantando aquello que tiene valor y rechazando lo que solo ha sido un destello fulgurante en un momento determinado.[10]

Pero la que quizá pueda entenderse como indicación más sólida para distinguir los buenos prejuicios de los malos y, en paralelo con ello, aquellas tradiciones que son vivas y fecundas de aquellas que son pasto del puro tradicionalismo y se han convertido en mera carcasa, tiene que ver, una vez más, con la que he señalado como tesis básica de la hermenéutica filosófica gadameriana, a saber, su conciencia de la finitud, de la contingencia, de la historicidad constitutiva de los seres humanos. Porque una vez que tomamos conciencia de esa menesterosidad, una vez rechazado el ideal moderno de una conciencia racional todopoderosa, podemos empezar a pensar que la mejor tradición es aquella que se abre a los otros y a nuevas experiencias, la que resulta inclusiva y no excluyente. Ese criterio de inclusividad definido por la finitud en la que siempre estamos instalados delimitaría, desde luego no sin grandes problemas, una tradición saludable, una tradición fecunda, de otra que no lo es.

Gadamer no es, por lo tanto, ni un tradicionalista ni un relativista. Su rehabilitación de la tradición no es una apelación a un comunitarismo de medio pelo o una defensa de los prejuicios frente a la razón. Todo lo contrario. Su idea central es forjar comunidades abiertas, tradiciones porosas que permitan hacerse cargo de la pluralidad humana desde el respeto y consideración al otro.

Y paso ahora a ocuparme del concepto de creencia en Ortega.

3. Historicidad y antifundacionalismo. Las creencias en Ortega y su crisis

Creo que una de las tesis más fecundas de la filosofía de Ortega es la que tiene como núcleo el concepto de creencia (cf. Ortega, 2006a: 657–685).[11] Me parece que con ella el pensador madrileño radicaliza el "giro historicista" que le da a su pensamiento en la así llamada *segunda navegación*, acercando algunas de sus

10 El libro de Bloom es el tan conocido como polémico: *El canon occidental. La escuela y los libros de todas las épocas*. Cf. Bloom, 2006.

11 La bibliografía orteguiana sobre el concepto de creencia comienza a ser abundante. Ver, al respecto, Lasaga, 2003, 67–78 y Zamora, 2013, 91–120.

reflexiones de más hondo calado a las de filósofos como Gadamer o incluso Richard Rorty y Gianni Vattimo.[12] Sé que esto puede parecer poco ortodoxo a una gran mayoría de estudiosos de Ortega, que quisieran ver a nuestro más célebre y distinguido pensador en "mejor" compañía. Gadamer, pero sobre todo Rorty o Vattimo, tienen fama en ciertos ámbitos de pensadores *light*, posmodernos proclives a una estetización relativista de la vida. Me parece, sin embargo, que quienes así piensan no llevan razón. Los tres son, es verdad, antifundacionalistas. No creen que exista un fundamento último de lo real, un salvavidas metafísico al que podamos agarrarnos para dirimir sin tacha nuestros conflictos cognoscitivos, prácticos o estéticos. Pero que esto sea así no significa que pregonen que no hay unas razones mejores que otras, que no puede diferenciarse entre el bien y el mal o que resulta imposible dar argumentos en favor de la calidad estética de una obra de arte. Ser antifundacionalista, he intentado mostrarlo anteriormente en el caso del autor de *Verdad y Método*, no trae aparejado, como habitualmente se cree, ser relativista. Sostener que desde el punto de vista del sentido carecemos de "naturaleza", de una determinación estable como seres humanos, y que la materia última de la que estamos hechos es la contingente y mudadiza historia, no equivale a abrazar el todo vale.

En esta parte trataré, pues, de defender el historicismo antifundacionalista de Ortega al hilo de su concepto de creencia. O dicho de otra manera, trataré de argumentar que nuestro pensador pertenece a la misma cofradía que los filósofos antes señalados.

El concepto de creencia alude en Ortega a lo que él denomina "el continente de nuestra vida", es decir, aquel conjunto de experiencias, prácticas o hábitos latentes que conforman la realidad en la que vivimos, nos movemos y somos. Son el suelo impensado desde el que existimos, aquello con lo que contamos de modo espontáneo y de lo que solo nos damos cuenta cuando en ese impensado se produce inesperadamente una quiebra. Pondré un ejemplo. Supongamos que soy un miembro del Ku Klux Klan criado en una familia y un entorno —es decir, en una tradición— con vieja solera en los prejuicios raciales y homófobos. Para un sujeto con este tipo de creencias, el racismo y el odio a los homosexuales no es una teoría, sino un modo de

12 Dos lecturas que aproximan a Ortega a la hermenéutica son las que hacen Jesús Conill y Tomás Domingo Moratalla. Ver, entre otros, Conill, 2013: 207–227; Moratalla, 2005: 373–410. También es de interés Castelló, 2009. Sobre el "giro historicista", cf. Díaz Álvarez/Brioso, 2018: 373–386.

vida, una pre-comprensión latente desde la que interpreta el conjunto de su existencia. Es, podríamos también decir, una actitud espontánea, una práctica desde la que comprende el mundo. Y quiero insistir en estos rasgos de la espontaneidad y la latencia. En efecto, la creencia del racista, entendida como estrato básico, no es una idea, algo fruto de la elucubración intelectual, de la imaginación o de la especulación de nuestra inteligencia sino el suelo mismo del que todas ellas brotan. Por eso resulta muy difícil, si no imposible, convencerlo de su error en un debate o una discusión puramente teórico-argumentativa. Porque para él las categorías de error o verdad, de bueno o malo, vienen acotadas por el propio suelo de creencias racistas y homófobas que lo constituye como humano. Solo cuando fruto de la *experiencia vivida* se produce un agujero o grieta, una duda en su mochila de prejuicios, puede este personaje empezar a hacerse preguntas sobre la legitimidad de aquello en lo que cree, del suelo impensado en el que transcurre su vida. Pero repárese que he utilizado la expresión *experiencia vivida*. En efecto, en nuestro ejemplo del racista homófobo, esta quiebra de sus pre-juicios podría producirse porque un día su hija sufre un intento de violación y resulta que es salvada por su vecino negro y homosexual o porque ante la pérdida de su casa por impago de la hipoteca encuentra la solidaridad de miembros de su comunidad entre los que hay negros homosexuales que, después de todo, se han comportado mejor que muchos blancos profundamente orgullosos de su heterosexualidad. Solo a partir de experiencias semejantes, que de alguna manera impugnan o debilitan vitalmente aquello que él *siente* como la verdad o lo bueno, puede el racista homófobo empezar a replantearse que hay algo que no funciona bien, que no es correcto, en su sistema de creencias y su satanización del diferente. Y solo una vez que se ha resquebrajado ese dique de las creencias latentes puede empezar a ser efectiva la esfera más puramente argumentativa.

Tenemos, por lo tanto, que la primera gran tesis de Ortega sobre las creencias resulta ser, lo cito a modo de resumen, que "toda nuestra conducta, incluso la intelectual, depende de cuál sea el sistema de nuestras creencias auténticas. En ellas 'vivimos, nos movemos y somos'. Por lo mismo, no solemos tener conciencia expresa de ellas, no las pensamos, sino que actúan latentes, como implicaciones de cuanto expresamente hacemos o pensamos. Cuando creemos de verdad en una cosa, no tenemos la 'idea' de esa cosa, sino que simplemente contamos con ella" (Ortega, 2006a: 665). Ahora bien, este antiintelectualismo expreso de Ortega, es decir, esa tesis que afirma que nuestra realidad está constituida de modo primario por creencias, como él insiste, "infraintelectuales" y no por ideas, es una parte esencial del núcleo de su peculiar "ontología" en lo que podemos entender como la maduración definitiva de su pensamiento, y le lleva irremediablemente, y para mí, felizmente, al antifundacionalismo historicista. Veámoslo con suma brevedad.

Tenemos, por lo tanto, que el estrato más profundo de nuestra vida está formado por creencias, pero ¿cuál es el origen de las creencias? ¿Por qué aparecen sosteniendo el sentido de nuestra existencia? Para responder a esta cuestión es necesario que haga una cala muy a vuela pluma en su teoría de la vida humana.[13]

Para el autor de *Meditaciones del Quijote*, el ser humano es un ente radicalmente indigente, es decir, su apertura al mundo no viene acompañada, como en el resto de los animales, por una naturaleza que fija reglas definidas sobre aquello que somos. El animal humano es, desde este punto de vista, un ser enfermo, un inadaptado que tiene que construirse un mundo que para el resto de los seres vivos está ya prefijado. Por eso Ortega caracterizará a los humanos, en unas metáforas que también están muy presentes en Heidegger y los autores de corte existencial, como náufragos, como extranjeros que nacen en un mundo que les es extraño y hostil y al que tienen que convertir en morada. Pero como no disponemos de una naturaleza que marque ninguna pauta, la única manera de sobrevivir, de crear un hogar en el que sentirse confortables, en la medida en que esto es posible, es mediante la imaginación. Con ella fabulamos una serie de ideas, algunas de las cuales posteriormente se coagulan o convierten en creencias y nos otorgan la estabilidad que la naturaleza nos negó. En resumen, los humanos, por nuestra propia condición menesterosa, indigente, necesitamos fabricarnos una realidad, un mundo estable donde podamos sentirnos en casa. Los humanos necesitamos producir sentido para existir, y las creencias son esa producción de sentido. Pero sentado esto, es evidente para Ortega que tales creencias, revelaciones

13 Lo que expongo a continuación es un conjunto de tesis orteguianas que pueden encontrarse en infinitud de escritos del filósofo. En este caso, me detengo de modo muy personal en el ensayo que está más en el centro de las presentes reflexiones, el ya señalado: *Ideas y creencias*, publicado por primera vez en 1936 como una sucesión de artículos en el diario bonaerense *La Nación* (Ortega y Gasset, 2006a: 657–685).

las llama también, no tienen un carácter fijo, sino que varían históricamente. Para ello solo hay que echar un somero vistazo a las numerosas monografías de los antropólogos culturales o de los historiadores. Expresado de otra forma, a lo largo de los tiempos los humanos han configurado su mundo, su casa habitable, de modo muy dispar, incluso en formas radicalmente contradictorias. La razón última de tal fenómeno es compleja, pero en la economía de la filosofía orteguiana creo que esta aseveración se asienta en dos tesis de gran calado y que se encadenan y enredan la una en la otra. La primera, mencionada ya hace unos instantes, es que el humano no tiene naturaleza, sino historia, está hecho de tiempo, es pura historicidad contingente. La segunda es que la realidad a la que estamos arrojados, y Ortega también usa esa expresión, no tiene un perfil definido, es, como gráficamente lo reconoce en *Ideas y creencias*, un *enigma*, una especie de *apeiron* que es imposible categorizar más allá del asfalto de creencias que vertemos sobre él. Precisamente hacemos esa operación de vertido porque ese sustrato último que acoge las creencias tiene un perfil incierto susceptible de dar cabida a diversas y plurales interpretaciones (cf. Ortega, 2006a: 676–678). De ahí que Ortega rechace, y en esto, creo, se ha reparado poco, la teoría de la verdad como correspondencia o adecuación, al menos en el sentido usual de la tradición filosófica. Y es que si la realidad última en la que estamos proyectados es un enigma, resulta imposible saber si nuestras creencias se adecúan definitivamente a ella. De lo que tenemos experiencia es más bien de lo contrario. Varias perspectivas, varias interpretaciones pueden convivir simultáneamente diciendo cosas bastante diferentes entre sí. Todo depende, en última instancia, del manto de creencias, de la mochila de prejuicios que llevemos cargada a la espalda y que nos sirve para definir qué es lo real. Entender la realidad como enigma y rechazar consecuentemente la teoría de la verdad como correspondencia, junto con la idea de que no somos naturaleza sino historia, hace de Ortega un cofrade de la ilustre orden de los antifundacionalistas.[14]

14 Así lo ha manifestado Richard Rorty en su excelente texto "Envidia de la filosofía" (Rorty, 2006: 65–68). Otra manera muy sintética de expresar, a los efectos que ahora nos interesan, la idea orteguiana de vida que está detrás de las consideraciones precedentes es que en la estructura dinámica que forman el yo y la circunstancia tanto el uno como la otra nunca terminan de superar su condición enigmática. Y tal cosa se produce justamente por la mutua e incesante articulación temporal e histórica de ambos.

Pero una vez que seguimos a Ortega por ese derrotero historicista y antifundacionalista por el que nos encamina su noción de creencia, surge de nuevo la pregunta decisiva: si todo es historia y no hay naturaleza desde el punto de vista del sentido humano, si la realidad que habitamos y somos nunca deja de ser un enigma que se recubre con múltiples interpretaciones o sistemas de creencias y no es posible reducirla, aunque sea de modo ideal, a un perfil definido último; si existe, en definitiva, la pluralidad que no se deja domeñar por la estricta unidad, ¿no estamos haciendo profesión de fe relativista? ¿Cómo discriminar, desde el punto de vista orteguiano entre, permítanme de nuevo la expresión, buenas y malas creencias?

Y aquí encuentro un profundo aire de familia entre la solución gadameriana y la orteguiana, que yo haría incluso extensible a filósofos como Rorty y Vattimo. En efecto, el Ortega de mediados de los años 30 en adelante mantiene con ahínco y radicalidad una tesis presente en él desde mucho antes: la imposibilidad del punto de vista de Dios, es decir, de un absoluto que nos sirva de guía clara y distinta en nuestra eterna búsqueda de sentido.[15] La multiplicidad de perspectivas, de puntos de vista sobre una realidad enigmática está ahí para quedarse, pero podemos discriminar entre ellos dándonos cuenta precisamente de nuestra finitud, de nuestra radical contingencia, de las quiebras que toda creencia, toda tradición siempre experimenta y experimentará. Si echamos un vistazo a la historia de la humanidad y de las respectivas tradiciones que hemos fabricado para dar sentido a nuestro mundo, para estabilizarlo y poder habitarlo, vemos que tarde o temprano todas terminan fracasando, terminan generando nuevas dudas que las viejas creencias no pueden solventar. Eso hace que volvamos a producir nuevas ideas que en su día se convertirán en creencias que, a su vez, equilibrarán de nuevo nuestro mundo. Pero otra vez surgirán anomalías y vuelta a empezar. Dada esta situación, lo que debemos hacer, según Ortega, es asimilar esa condición de radical finitud e historicidad de la que estamos hechos y aprender

15 Cf., a este respecto, y entre otras, la enunciación clara y señera que se produce en la teorización de la perspectiva en *El tema de nuestro tiempo* (Ortega, 2005b: 611–616). Sobre este asunto, me permito remitir al lector al trabajo “Racionalidad, relatividad e historia. Un tema del tiempo de Ortega y del nuestro” (Díaz Álvarez, 2024: 93–109). También será de interés “Perspectiva y método de salvación en Ortega”, de Jaime de Salas (De Salas, 2013: 231–250).

de nuestros errores, siendo conscientes de que estos no desaparecerán, que nunca alcanzaremos una especie de *parusia* que nos permita descansar. Esta serie dialéctica, esta historia de los errores es la que investiga y detecta precisamente la razón histórica, ayudándonos, entre otras cosas, a desechar y a entender por qué un conjunto dado de creencias o tradiciones han dejado de ser útiles o fecundas en un momento determinado. Esta labor negativa de la razón histórica es modesta y *a posteriori*, nunca se sitúa al final de la historia, en una perspectiva absoluta imposible, pero marca un progreso del sentido a través de las fallas cometidas. Un progreso siempre tentativo y revisable, humilde, pero el único al alcance del ser humano (cf. Ortega, 2006c: 73).

Creo que en la etapa final de su obra, Ortega estaba convencido, recuperando quizá viejas intuiciones de los años 20 —las que aparecen por ejemplo en *Las Atlántidas* (cf. Ortega, 2005a: 757, 772) —, que lo mejor de la tradición europea residía precisamente en haber caído en la cuenta de la finitud humana, en haberse alejado de la creencia de que mi tradición es *la* tradición, la única posible porque recoge de modo adecuado la verdad del mundo y de aquello que somos.[16] Teniendo esto presente, la clave no relativista del Ortega que he querido presentar residiría en mostrar que el mejor sentido, el mejor sistema de creencias es aquel que es consciente de alguna manera de su propia caducidad, el que no aspira a una eternidad imposible y cree que no hay que elegir entre fundamento o barbarie; el que entiende que no necesitamos mirar a través del ojo de Dios para hacer cabales nuestras acciones. La bendición y la carga de los humanos reside precisamente en eso, en aceptar la contingencia del sentido y proseguir la aventura, siempre abierta, de esos animales defectuosos que somos. Cualquier tradición que no se flexibilice en este sentido, merece ser mirada con sospecha.[17]

16 Para una ampliación de esta idea, "¿Perdidos en el laberinto? Husserl, Ortega y Gaos ante los desafíos de la diversidad cultural" (Díaz Álvarez, 2020: 87–102).

17 A este respecto, no deja de ser muy revelador que Ortega contemple su propia idea de la vida humana como realidad radical como una tesis sujeta también a la fatiga de materiales, a la propia caducidad. Cf. su magistral "Prólogo a *Historia de la filosofía*, de Émile Brehier" (Ortega, 2006d: 135–171).

4. Coda. Pluralidad de creencias, comunidades inclusivas y la idea de nación

Hasta aquí las reflexiones que de la mano de Gadamer y Ortega he intentado hacer sobre las crisis de creencias o valores y la idea de fundamento. Como terminamos de ver, y frente a la tesis fundacionalista que pretendería disolver para siempre tales conflictos con el desvelamiento de un fundamento rocoso que ordene de una vez por todas nuestra vida individual y comunitaria, los filósofos y filósofas antifundacionalistas apelan como idea última a la conciencia de la finitud en tanto que el mejor modo de resolver temporalmente unas quiebras de sentido que siempre se van a volver a reproducir porque no existe el punto de vista de Dios. Asumiéndola de verdad, podríamos lograr unas comunidades más tolerantes, abiertas y compasivas, alejándonos del relativismo y el nihilismo y sin caer, a la vez, en el dogmatismo autoritario.[18]

Pero veamos a continuación —ya para terminar— un ejemplo posible de cómo se podría articular desde una perspectiva no fundacionalista semejante comunidad inclusiva en alguno de sus aspectos. Para ello volveré a enfrentar a las dos cofradías de las que vengo hablando desde el inicio del ensayo —la ilustrada tradicional y la ilustrada heterodoxa— a propósito del lugar que ocuparía la idea de patria o nación en una buena sociedad.[19] Y en este sentido,

18 Es verdad, y Ortega es quizá consciente de ello en mayor medida que Gadamer, Rorty o Vattimo, que existe una cara oscura, peligrosa de la contingencia y de la finitud humana. En relación con este punto del que ahora no me puedo ocupar, cf. Díaz Álvarez/Brioso, 2015: 117–146. La cercanía a este respecto con las ideas de otro importante pensador antifundacionalista, John Gray, es digna de destacarse.

19 Sé que una infinidad de autores y autoras distinguen patria de nación, siendo la primera, mayormente, la palabra que se usa para reivindicar sin ribetes nacionalistas excluyentes la pertenencia orgullosa a una comunidad. Dicho de otra manera y a la inversa, el nacionalista, frente al patriota, sería aquella persona que reivindica su comunidad pero con sentimiento de superioridad y, por lo tanto, con trazos peligrosa y claramente excluyentes, expansivos e imperialistas. Opino, sin embargo, que semejante diferenciación resulta poco útil y tiene mucho de ejercicio de prestidigitación conceptual. Además, no se ajusta al "fenómeno nacional" en bastantes latitudes del mundo, donde su uso es prácticamente equivalente. Ese es, por ejemplo, el caso español en su utilización más común.

adelanto ya que mientras que una gran mayoría de los filósofos y filósofas pertenecientes a la primera entienden que para crear comunidades tolerantes deberíamos desechar de una vez por todas o minimizar grandemente las ideas de patria o nación y poner el énfasis en que todos somos o deberíamos vernos como ciudadanos del mundo con iguales derechos y deberes, derechos y deberes para los que se tendría que encontrar un fundamento sólido, los tardoilustrados suelen apelar por el contrario a una peculiar comprensión de la noción de tradición, en concreto, una que envuelve a las mencionadas ideas de nación o patria. Veámoslo de la mano de un célebre debate sobre el patriotismo que tuvo lugar en los Estados Unidos a mediados de la década de los 90. En la síntesis del mismo que hago, el buen conocedor de Ortega no dejará de oír muchos ecos que le resultarán familiares.

El desencadenante indirecto de la disputa fue un artículo de opinión, excelente y provocativo, como casi todo lo que ha escrito, del ilustre neopragmatista estadounidense Richard Rorty. Se publicó en *The New York Times* el 13 de febrero de 1994. Su título, "The Unpatriotic Academy".[20] En él se acusaba de irresponsable a una parte importante de la izquierda académica norteamericana por haber abandonado la idea de identidad nacional al pensar que esta encarnaba un nacionalismo imperialista, depredador y dominador, no dándose cuenta de que los Estados Unidos también habían generado otra idea de patria —la protagonizada por Jefferson, Whitman, Emerson, Dewey o Martin Luther King— que era abiertamente democrática y profundamente antiimperialista. Para Rorty, haber dejado la idea de patriotismo o identidad nacional en manos de la derecha conservadora había supuesto un serio revés a la hora de hacer de su país una comunidad abierta y tolerante, pues no era verdad que pudiéramos saltar sin más por encima de los vínculos y emociones nacionales para convertirnos en ciudadanos del mundo.

La reacción a este texto no se hizo esperar y la también ilustre filósofa Martha Nussbaum respondió a Rorty con un largo e interesantísimo ensayo titulado "Patriotismo y Cosmopolitismo", que se acompañó posteriormente de 20 réplicas de otros tantos autores a favor y en contra (cf. Nussbaum, 1999). La tesis de la pensadora se basa en su teoría de las capacidades, una

20 Una argumentación extendida de esta idea en el marco de un amplio desarrollo de la identidad estadounidense puede verse en su magnífico libro posterior *Achieving our Country: Leftist Thought in the Twentieth Century* (Rorty, 1998).

reformulación contemporánea de la idea de naturaleza humana de Aristóteles cruzada con elementos de la *Teoría de la justicia* de Rawls. Para Nussbaum, en línea con la tradición ilustrada clásica, sí es factible encontrar un fundamento racional que dirima nuestras disputas de valores, y ese fundamento —la teoría de las capacidades humanas— mostraría con claridad aquello que compartimos: nuestra común humanidad. Es decir, que por encima de cualquier particularismo vinculado al sexo, raza, religión o nación, todos somos ciudadanos del mundo con deberes y obligaciones semejantes (cf. Nussbaum, 1999: 13–29).

Desde este planteamiento, Nussbaum entiende toda apelación a la identidad nacional o el patriotismo, por ejemplo la que hace Rorty, como un llamamiento peligroso que siempre bordea el particularismo chauvinista. Por eso para esta autora una comunidad abierta y tolerante debería insistir en una educación cosmopolita que resalte en primer lugar, no la identidad nacional, sino esa pertenencia al común y más amplio círculo de la humanidad. Primero es preciso entender que todos somos seres humanos. A partir de ahí, deberemos admitir todas aquellas particularidades que sean compatibles con esa común humanidad. Dicho de otra manera, y siguiendo una metáfora que emplea la filósofa, si entendemos el modo en que vivimos comunitariamente como un conjunto de círculos concéntricos a través de los cuales repartimos nuestras lealtades (familia, pueblo, nación, continente, humanidad), para Nussbaum el círculo esencial y configurador de los demás debería ser el más externo y abstracto, el de la común humanidad de la que todos formaríamos parte por el mero hecho de ser hombres y mujeres.

Rorty no participó en las réplicas a la pensadora. Desconozco la razón. Pero creo que su postura estuvo ampliamente representada por varios autores que sí intervinieron. Voy a fijarme solo en dos: Charles Taylor y Michael Walzer (Cf. Taylor, 1999: 145–147; Walzer, 1999: 153–155). Tanto para Taylor como para Walzer, tratar de crear una comunidad flexible y tolerante no puede partir nunca de una apelación a algo que para ellos, igual que para Ortega, no existe: el humano en general. Los humanos estamos siempre encarnados e insertos en contextos particulares, en tradiciones, épocas y comunidades. La ciudadanía cosmopolita *per se* no parece formar parte de nuestra realidad circundante. En el mejor de los casos, se trata de una entidad fantasmática bienintencionada, y si no que se lo pregunten a los millones de inmigrantes que deambulan y malviven en Occidente. Por otra parte, pretender que no hay fuertes lazos y lealtades que nos vinculan con aquellos que nos son más cercanos, parece poco razonable. En cierto modo es inevitable que uno se vea más próximo y concernido y, por lo tanto, más obligado, con aquellos que siente más cercanos y pertenecen a la propia comunidad nacional. Por eso para Taylor, Walzer o Rorty, y creo que los avalan buenas razones, resulta complicado sostener que mi lealtad fundamental debería ser, en primera instancia, con el círculo más remoto, es decir, aquel más abstracto que supuestamente encarna la humanidad en general. Nuestras lealtades, igual que nuestras relaciones, empiezan en los círculos próximos y se expanden, a través de numerosas mediaciones, a los más alejados. De ahí que mi empatía con quienes se sitúan en ellos, si quiere ser efectiva, debe de contener algunos de los elementos emocionales que me hagan ver que ese otro que no pertenece a mi comunidad podría ser vecino mío o sus hijos mis hijos, y que solo un azar ha hecho que no sea así. Sin duda, y a pesar de todo, nunca vamos a sentirnos tan apelados por ellos como por nuestros conciudadanos reales, pero eso no quiere decir que la cercanía virtual así mediada sea menos valiosa. Porque, insisto, por mucho que Nussbaum y los cosmopolitas ilustrados tradicionales se empeñen, parece que no resulta posible pasar por encima de los vínculos y emociones nacionales.[21] En este sentido, creo que los antifundacionalistas tienen buenos argumentos cuando sostienen que la mejor forma de crear comunidades inclusivas y tolerantes consiste no tanto en un rechazo del patriotismo o la identidad nacional —un rechazo de la propia tradición—, que están ahí para quedarse, y en la apelación a un dudoso programa de investigación que establezca de una vez por todas los fundamentos inconcusos probablemente imposibles de la democracia y los derechos humanos a los que todo humano dotado de buen sentido debería "rendirse" argumentativamente, sino, como señaló Rorty en su ensayo, y asumen Taylor y Walzer, en la forja, entre otras cosas, de una idea de patria

21 Para este asunto en Ortega, cf., entre muchos otros, el "Prólogo para franceses" y el "Epílogo para ingleses" de *La rebelión de las masas* (Ortega, 2005c, 349–372; Ortega, 2005d, 499–528). Julián Marías, en una línea muy orteguiana, ha desarrollado esta idea, unida a la exageración que resulta ser el cosmopolitismo estricto, en un brillante ensayo titulado "Marco Aurelio o la exageración" (Marías, 1937, 738–750). Para estos temas en ambos autores, poniendo también el énfasis en los riesgos que anidan en determinados aspectos de la idea orteguiana de nación, cf. Díaz Álvarez/Brioso, 2019, pp. 626–643.

o nación que recoja lo mejor de la peculiar, variable y contingente tradición democrática de cada país. Una tradición o conjunto de tradiciones cuya defensa más cabal habría de articularse en estos momentos, al menos eso pienso yo, a partir de la asunción inexcusable de la finitud y la consiguiente apertura a una negociación y conversación sin fin.

Bibliografía

Bloom, H. (2006), El canon occidental. La escuela y los libros de todas las épocas, Barcelona, Anagrama.

Castelló, J. C. (2009), *Hermenéutica narrativa de Ortega y Gasset*, Granada, Editorial Comares.

Conill, J. (2013), "Una cierta lectura hermenéutica de la filosofía orteguiana", en *Guía Comares de Ortega y Gasset*, Zamora Bonilla, J. (ed.) Granada, Editorial Comares, pp. 207–227.

Domingo Moratalla, T. (2005), "José Ortega y Gasset en la fenomenología hermenéutica", en *Meditaciones sobre Ortega*, Llano Alfonso, F. H. y Castro Sáenz, A. (eds.), Madrid, Tébar, pp. 373–410.

Díaz Álvarez, J. M. (2020), "¿Perdidos en el laberinto? Husserl, Ortega y Gaos ante los desafíos de la diversidad cultural", *Daimon. Revista Internacional de Filosofía*, Suplemento nº 8, pp. 87–102.

Díaz Álvarez, J. M. (2024), "Racionalidad, relatividad e historia. Un tema del tiempo de Ortega y del nuestro", Revista de Estudios Orteguianos, 48, pp. 93–109.

Díaz Álvarez, J. M. /Brioso, J. (2015), "Esperar lo inesperado. Algunas reflexiones sobre la contingencia a partir de la obra de Antonio Rodríguez Huéscar y José Ortega y Gassset", *Bajo Palabra. Revista de Filosofía*, 11, pp. 117–146.

Díaz Álvarez, J. M./Brioso, J. (2018), "El filósofo y sus filosofías. Ortega, la fenomenología y algo más", en *La razón y la vida. Escritos en homenaje a Javier San Martín*, Díaz Álvarez, J. M./ Lasaga, J., Madrid, Editorial Trotta, pp. 373–386.

Díaz Álvarez, J. M./Brioso, J. (2019), "Valoraciones de la guerra civil española en José Ortega y Gasset, José Gaos y Julián Marías", *Hispanic Research Journal*, 20, 6, pp. 626–643.

Escudero, A. (2016), "Una breve introducción a Husserl, Heidegger y Gadamer", en *La caverna de Platón*, <https://www.lacavernadeplaton.com/histofilobis/HHG1516.htm>

Expósito Ropéro, N. (2021), *La ética de Ortega y Gasset. Del deber al imperativo biográfico*, UNED, Madrid.

Gadamer, H-G. (1984), *Verdad y Método. Fundamentos de una hermenéutica Filosófica*, Salamanca, Ediciones Sígueme.

Gadamer, H-G. (2000), *Die Lektion des Jahrhunderts: Ein philosophischer Dialog mit Riccardo Dottori*, Münster/Hamburg/London, LIT Verlag.

García-Baró, M. (2015), *Husserl y Gadamer*, Barcelona, Batiscafo.

Grondin, J. (1994), *Introduction to Philosophical Hermeneutics*, New Haven/London, Yale University Press.

Grondin, J. (2006), *L'herméneutique*, Paris, Puf.

Grondin, J. (2011), *Hans-Georg Gadamer. Une biographie*, Paris, Puf.

Jung, M. (2001), *Hermeneutik zur Einführung, Hamburg*, Junius Verlag.

Lasaga, J. (2003), "Creencia y verdad en el contexto de la razón histórica", en *Fenomenología e historia*, Díaz Álvarez, J. M./López Sáenz, Mª. C. (eds.), Madrid, UNED.

López Sáenz, Mª. C. (2018), *La hermenéutica de H-G. Gadamer. En busca de la verdad*, Madrid, Editorial Dykinson.

Madison, G. B. (1999), "Hermeneutics: Gadamer and Ricoeur", en The Columbia History of Western Philosphy, Popkin, R. H. (ed.), New York, Columbia University Press, pp. 705–712.

Marías, J. (1937), "Marco Aurelio o la exageración", *Hora de España*, XIII pp. 37–47.

Mattèi, J-F. (2011), *Le procès de l'Europe. Grandeur et misère de la culture europèenne*, París, Puf.

Moratalla, T. (2005), "José Ortega y Gasset en la fenomenología hermenéutica", en *Meditaciones sobre Ortega*, Llano, F. H. & Castro, A. (eds.), Madrid, Tebar, pp. 373–410.

Nagel, T. (1986), *The View from Nowhere*, Oxford, Oxford University Press.

Nussbaum, M. C. (1999), "Patriotismo y cosmopolitismo", en *Los límites del patriotismo*, Nussbaum, M. C., Barcelona, Paidós, pp. 14–29.

Ortega y Gasset, J. (2005a), "Las Atlántidas", en *Obras Completas*, Tomo III, Madrid, Taurus, pp. 743–774.

Ortega y Gasset, J. (2005b), "El tema de nuestro tiempo", en *Obras Completas*, Tomo III, Madrid, Taurus, pp. 559–616.

Ortega y Gasset, J. (2005c), "Prólogo para franceses", en *Obras Completas*, Tomo IV, Madrid, Taurus, pp. 349–372.

Ortega y Gasset, J. (2005d), "Epílogo para ingleses", en *Obras Completas*, Tomo IV, Madrid, Taurus, pp. 501–528.

Ortega y Gasset, J. (2006a), "Ideas y creencias", en *Obras Completas*, Tomo V, Madrid, Taurus, pp. 657–685.

Ortega y Gasset, J. (2006b), "Apuntes sobre el pensamiento, su teurgia y su demiurgia", en *Obras Completas*, Tomo VI, Madrid, Taurus, pp. 3–41.

Ortega y Gasset, J. (2006c), "Historia como sistema", en *Obras Completas*, Tomo VI, Madrid, Taurus, pp. 47–81.
Ortega y Gasset, J. (2006d), "Prólogo a *Historia de la filosofía*, de Émile Brehier", en *Obras Completas*, Tomo VI, Madrid, Taurus, pp. 135–171.
Rorty, R. (1994), "The Unpatriotic Academy", *The New York Times* (13 de febrero).
Rorty, R. (1998), *Achieving our Country: Leftist Thought in the Twentieth Century*, Cambridge, MA, Cambridge University Press.
Rorty, R. (2006), "Envidia de la filosofía", *Claves de Razón Práctica*, 167, pp. 65–68.
San Martín, J. (2012), *La fenomenología de Ortega y Gasset*, Madrid, Biblioteca Nueva.
Taylor, Ch. (1999), "Por qué la democracia necesita el patriotismo", en *Los límites del patriotismo*, Nussbaum, M. C., Barcelona, Paidós, pp. 144–147.
Walzer, M. (1999), "Esferas de afecto", en *Los límites del patriotismo*, Nussbaum, M. C., Barcelona, Paidós, pp. 153–155.
Zamora, J. (2013), "La razón histórica", en *Guía Comares de Ortega y Gasset*, Zamora Bonilla, J. (ed.) (2013), Granada, Editorial Comares, pp. 91–120.

Sobre Los Autores

MARCOS ALONSO es profesor ayudante doctor de la Universidad Complutense de Madrid (España). Sus trabajos presentan dos vertientes principales. Por un lado, textos centrados en la obra de Ortega y Gasset; por otro lado, trabajos orientados hacia la filosofía práctica —particularmente hacia los problemas éticos suscitados por las nuevas tecnologías—. Ha publicado el libro *Ortega y la técnica* (CSIC, 2021) y diversos artículos en revistas españolas como *Recerca*, *Pensamiento*, *Daimon* o *Isegoría*, y en revistas internacionales como *Bioethics* y *Ramon Llull Journal of Applied Ethics*, entre otras. Ha traducido al castellano la obra *Superinteligencia*, de Nick Bostrom. Actualmente dirige un proyecto FONDECYT Iniciación de fondos estatales chilenos, cuyo título es "Revolución genética e identidad personal. Una propuesta para afrontar las dificultades fundamentales de la ética de las personas futuras".

VLADIMER LUARSABISHVILI, traductor e hispanista, es actualmente profesor en la Universidad de La Frontera (Chile). Entre sus últimas publicaciones se encuentran: *The Legitimization of Violence: Individual, Crowd, and Authority during the Covid-19 Pandemic* (Peter Lang, 2024; en colaboración con M. Kiladze); *Retórica cultural: metáfora, contexto, traducción. Las voces de Rubén Darío, Miguel de Unamuno, Gabriel Aresti, Kirmen Uribe y Harkaitz Cano* (Peter Lang, 2024); *Ideas and Methodologies in Historical Research* (Routledge, 2022); *Rethinking Mamardashvili: Philosophical Perspectives, Analytical Insights* (ed., Brill, 2022); y asimismo *Teoría de la interideidad. Gustavo Adolfo Bécquer y Miguel de Unamuno* (Universidad de Valladolid, 2022).

JUAN BAGUR TALTAVULL es doctor en Historia Contemporánea por la Universidad Complutense de Madrid, donde fue investigador FPU. Actualmente es profesor en la Universidad Internacional de La Rioja y en la Universidad Isabel I. Anteriormente fue profesor asociado en la Universidad

CEU-Cardenal Herrera, e investigador visitante en la Universidad de Hull (UK), así como becario de investigación de la Fundación Oriol-Urquijo. Está especializado en el pensamiento político de José Ortega y Gasset. Entre sus últimas publicaciones se encuentran *España como vocación y circunstancia. La idea de nación en el pensamiento y la acción política de José Ortega y Gasset* (Dykinson y Fundación Ortega-Marañón, 2023), "Ortega en búsqueda de la circunstancia liberal (1936–1955)" (*Daimon. Revista Internacional de Filosofía*, Suplemento 8, 2020), "De la República socialista a la monarquía liberal: la evolución de la perspectiva nacionalizadora de Ortega en el contexto de la Gran Guerra" (en *La Gran Guerra en la España de Alfonso XIII*, Sílex, 2019), "El liberalismo de María Zambrano: de Ortega y Blas Zambrano a la Liga de Educación Social" (*Bajo Palabra. Revista de Filosofía*, n.º 22, 2019), y "Algunos apuntes sobre el regionalismo de Ortega" (*Revista de Estudios Orteguianos*, n.º 41, 2020).

ALEJANDRO DE HARO HONRUBIA es profesor titular de Universidad (Universidad de Castilla-La Mancha). Doctor en Filosofía (2007) y doctor en Antropología Social (2016). Es responsable (IP) del Grupo de Investigación consolidado: Filosofía y Antropología: Cosmopolitismo, Globalización y Derechos Humanos (Universidad de Castilla-La Mancha). Es profesor de Antropología en grado y máster en la Universidad de Castilla-La Mancha y profesor-tutor de Ética I y II, T.ª del conocimieno I e H.ª general de la Ciencia I en el Grado de Filosofía de la UNED en el centro asociado de esta institución en Albacete. Es también profesor e investigador del Programa Interuniversitario de Doctorado en Filosofía (verificado según Real Decreto 99/2011) impartido por la Universidad de Alicante, la Universidad de Almería, la Universidad de Castilla-La Mancha, la Universidad de La Laguna, la Universidad de Murcia y la Universidad de Zaragoza. Ha publicado múltiples trabajos sobre el pensamiento de Ortega y Gasset. Es autor de la monografía: *Elites y masas. Filosofía y Política en la obra de José Ortega y Gasset*, Biblioteca Nueva, Madrid, 2008.

JESÚS M. DÍAZ ÁLVAREZ Realiza estudios predoctorales en Alemania (Husserl Archiv/Friburgo y Universidad de Bochum) y posdoctorales en la Universidad de McGill. En la actualidad, es profesor titular de Filosofía Moral y Política de la Universidad Nacional de Educación a Distancia de

Madrid (UNED). Sus campos principales de trabajo son la fenomenología, la hermenéutica y la filosofía española, en particular, Ortega y Gasset y la así llamada *Escuela de Madrid*. Sobre ellos ha publicado y editado diversos libros y un buen número de artículos: *Husserl y la historia. Hacia la función práctica de la fenomenología* (2003); *Fenomenología e historia* (2003, ed. con Carmen López), "Gurwitsch's Understanding of History" (2003); *Racionalidad y relativismo. En el laberinto de la diversidad* (2012, ed. con Carmen López); "Ortega y Gasset and Human Rights" (2013); "Cuestión de libertad. Ética y Filosofía Política en Ortega y Gasset" (2013); "Así en la paz como en la guerra. Una lectura filosófico política de *Meditaciones del Quijote* cien años después" (2018, con Jorge Brioso); "Cuando la razón se ha vuelto enigma. Razón narrativa y confesión personal como salvaciones filosóficas" (2018); *La razón y la vida* (2018, ed. con José Lasaga); "La guerra civil. Valoraciones de la conflagración española en José Ortega y Gasset, José Gaos y Julián Marías" (2019, con Jorge Brioso); "¿Perdidos en el laberinto? Husserl, Ortega y Gaos ante los desafíos de la diversidad cultural" (2020), etc.

JUAN ANTONIO GARRIDO ARDILA es catedrático en la Universidad de Malta, investigador honorífico en la Universidad de Liverpool (Reino Unido) y ha ocupado la cátedra de español de la Universidad de Lund (Suecia) y la cátedra de español y literatura comparada de la Universidad de Edimburgo (Reino Unido). Doctor en Literatura Española por la Universidad Autónoma de Madrid y miembro numerario de la Royal Historical Society, ha centrado gran parte de sus labores investigadoras en la historia intelectual española. En ese campo ha publicado numerosos artículos además de los libros *Etnografía y politología del 98* (Biblioteca Nueva, 2007) y *Textos del Desastre. La última gran crisis (1898)* (Castalia, 2013). Es director de la colección Biblioteca Unamuno de Ediciones Universidad de Salamanca y editor del *Bulletin of Hispanic Studies*.

JOSÉ LASAGA MEDINA es catedrático de filosofía de Bachillerato, profesor de filosofía de la UNED e investigador de la Fundación *Ortega - Marañón*. Colabora en diversas publicaciones como *Revista de Occidente, Cuadernos Hispanoamericanos, Revista de Estudios Orteguianos, Claves de la Razón práctica*. Ha publicado *José Ortega y Gasset. Vida y filosofía (1883–1955)* (Madrid: Biblioteca Nueva-Fundación José Ortega y Gasset, 2003), *Metamorfosis del seductor. Ensayo sobre el mito de don Juan* (Madrid: Síntesis, 2004). *Figuras de la vida buena. Ensayo sobre las ideas morales de Ortega y Gasset* (Madrid: Enigma editores, 2006); *Ortega y Gasset: Antología* Biblioteca de Grandes Pensadores, Madrid: Editorial Gredos, 2012. Es editor de *Los pasos perdidos. Escritos sobre Ortega y Gasset* de José Gaos, Madrid: Ed. Biblioteca Nueva – Fundación José Ortega y Gasset – Gregorio Marañón, 2013. Última publicación: *Vida de Hannah Arendt* (Madrid: Eila eds., 2017).

Index

colectividad 58, 73

Berlin, Isaiah 59

Dannhauer, Johan Conrad 91–92
Descartes 56

Fukuyama, Francis 12, 53

Gadamer, Hans-Georg 89, 91
Gianni, Vattimo 99

Habermas, Jürgen 54
Heidegger, Martin 91
    Ser y Tiempo 92
hermenéutica 91

ilustración heterodoxa 88
individuo 10, 58, 73

Lakoff, Georg 57
Lyotard, Jean-François 55

Marías, Julián 11, 57

nación 10, 60, 105
nacionalismo 63
Nussbaum, Martha 106–107

Ortega
    antifundacionalismo 98
    circunstancia 11, 59
    Edad Moderna 37
    ética 27
    existencia 18
    historicidad 98
    identidad humana 16
    pedagogía 3
    socialismo cultural 48

patriotismo 63
posmodernidad 88

Revolución
    americana 62
    inglesa 62
    francesa 61
Rorty, Richard 99, 106–107

sociedad 10, 71, 77

Thatcher, Margaret 58

Unamuno, Miguel de 10–11

vocación 15

Iberian and Latin American Studies: The Arts, Literature and Identity

Edited by Francis Lough
Emeritus Professor of Hispanic Studies, Department of Modern Languages, University of Birmingham

This series publishes titles from any area of Iberian and Latin American Studies that explore issues relating to questions of identity. The series accepts for publication scholarly monographs and collections of essays that aim to further our knowledge and understanding of the lives of individuals and communities who speak any of the languages of the Iberian Peninsula or Latin America. Ideas and concepts of identity can be explored at various levels, ranging from the individual to the national or international, and in different media. Proposals are welcome from researchers working in any cultural field, for example, the history of ideas, literature, performance, cinema, art and photography, and on a variety of issues, including nationhood, exile, memory, and gender. The series welcomes manuscripts in English or Spanish.

Those interested in contributing to the series are invited to write with the synopsis of a subject already in typescript or with a detailed project outline to either Professor Francis Lough, Department of Modern Languages, University of Birmingham, Edgbaston, Birmingham, B15 2TT, United Kingdom, f.lough@bham.ac.uk, or to Peter Lang Ltd, Oxford, United Kingdom, oxford@peterlang.com.

Vol. 1 Alison Ribeiro de Menezes and Catherine O'Leary (eds):
Legacies of War and Dictatorship in Contemporary Portugal and Spain
ISBN 978-3-03911-872-4

Vol. 2 Wendy-Jayne McMahon:
Dislocated Identities: Exile and the Self as (M)other in the Writing of Reinaldo Arenas
ISBN 978-3-0343-0223-4

Vol. 3 Helena Buffery (ed.):
Stages of Exile: Spanish Republican Exile Theatre and Performance
ISBN 978-3-0343-0263-0

Vol. 4 Erica Segre (ed.):
Ghosts of the Revolution in Mexican Literature and Visual Culture: Revisitations in Modern and Contemporary Creative Media
ISBN 978-3-0343-0702-4

Vol. 5 Daniela Omlor:
Jorge Semprún: Memory's Long Voyage
ISBN 978-3-0343-0821-2

Vol. 6 Maura Rossi:
La memoria transgeneracional: Presencia y persistencia de la guerra civil en la narrativa española contemporánea
ISBN 978-3-0343-2263-8

Vol. 7 Maria-José Blanco and Claire Williams (eds):
Feminine Singular: Women Growing Up through Life-Writing in the Luso-Hispanic World
ISBN 978-3-0343-0836-6

Vol. 8 Florencia Garramuño:
The Opaque Experience: Literature and Disenchantment
ISBN 978-1-78707-366-1

Vol. 9 Daniela Omlor and Eduardo Tasis Moratinos (eds):
Figures of Exile
ISBN 978-1-80079-615-7

Vol. 10 Guadalupe Gerardi:
Writing Travel: The Work of Roberto Bolaño and Juan José Saer
ISBN 978-3-0343-2215-7

Vol. 11 John London and Gabriel Sansano (eds):
Acting Funny on the Catalan Stage: El teatre còmic en català (1900–2016)
ISBN 978-1-78707-322-7

Vol. 12 Katrina M. Heil:
Antonio Buero Vallejo: Tragedy, History, Memory
ISBN 978-1-80374-091-1

Vol. 13 Vladimer Luarsabishvili (ed.):
José Ortega y Gasset: Individuo, nación y sociedad
ISBN 978-1-80374-796-5

www.ingramcontent.com/pod-product-compliance
Lightning Source LLC
Chambersburg PA
CBHW071130100726
47908CB00008B/2553

9781803747965